화엄경 독경본

1

화엄경 독경본 1

세주묘엄품

실차난타 한역 · 관허수진 번역

운주사

봄 타고 화장세계 나들이

봄이 왔네요.
산자락 언덕에도 후미진 실계곡에도 봄이 왔네요.
얼음 사이 미소 띠고 흐르는 저 작은 목소리
버들강아지 눈개비 다칠라 숨죽여 흐르는 저 은빛 물소리
진정 봄이 왔나보다.
그래
내 마음에도 모든 사람들의 마음에도 화사한
봄이 왔으면 좋겠다.
영세에 사라지지 않는 봄이 왔으면 말이다.
봄
생각만 해도 가슴 여미는 계절이지요.
이 봄 따라 봄나들이 어떻습니까.
뒷동산 산자락 실계곡 아지랑이 따라
화엄경을 타고 화엄의 세상으로
수많은 진리의 꽃으로 장엄한 부처님 최초의 노래
화장세계 그 속으로 말입니다.

우리의 마음은 화가와 같다고 하였던가요.
하얀 종이 위에 화엄의 그림을
그려 보시지요.
내가 누구인가 자유롭게 그려 보시지요.

우납이 역주한 『청량국사 화엄경소초』 제9권에 화엄전기를 인용하여 말하기를,

수나라 혜오 스님은 매일같이 화엄경을 독송한 공덕으로 산신의 공양청을 받았고 일천 명 나한의 최고 상석에 자리하셨으며,

번현지樊玄智는 두순의 제자로 매일같이 화엄경을 독송하여 입안에 백과의 사리를 얻었고,

혜우 스님은 지엄의 제자로 매일같이 밤마다 향을 사르고 여래출현품을 독송함에 황금색신의 열 보살이 광명을 놓고 연꽃자리에 앉아 있다가 홀연히 사라지는 모습을 보았으며,

혹은 화엄경을 독송하고 서사함에 한겨울에도 접시꽃이 예쁘게 피어났고 상서로운 새들이 꽃을 물고 왔다 하였으며,

왕명관은 사구게송만 독송하고도 지옥에서 헤어나 인도에 환생하였다 하였으니 그 화엄경을 독송한 가피와 공덕은 이루 다 말할 수가 없습니다.

어떻습니까.

이 상서와 가피를 가슴에 그리며 봄나래 타고 화장세계 속으로 나와 모든 사람들이 평온으로 웃는 그날까지 여행을 떠나 보지 않으시겠습니까.

이 화엄경 독경본은 화장세계 여행 그 나들이를 위하여 세상에 나온 것입니다.

2022년 3월 6일

승학산 화장원에서 관허

6

세주묘엄품 ①

이와 같이 내가 들었습니다.

　한때에 부처님께서 마갈제 나라 아란야 법 보리도량 가운데 계셔서 비로소 정각을 성취하시니 그 땅이 견고하여 금강으로 이루어진 바이고 최상의 묘한 보배 바퀴와 그리고 수많은 보배 꽃과 청정한 마니보배로 장엄되고 꾸며져 모든 색상의 바다가 끝없이 나타났으며, 마니보배로 당기가 되어 항상 광명을 놓으며, 항상 묘한 음성을 내며, 수많은 보배 그물과 묘한 향기 나는 꽃 영락이 두루 돌아 내려 펼쳐져 있으며, 마니보배왕이 변화하여 나타냄이 자재하여 끝없는 보배를 비 내리고, 그리고 수많은 묘한 꽃을 땅에 나누어 흩으며, 보배 나무가 줄 서

있고 가지와 잎은 빛나고 무성하나니 부처님의 위신력인 까닭으로 이 도량에 일체 장엄으로 하여금 그 가운데 그림자처럼 나타나게 하였습니다.

그 보리수가 높이 나타나 수승하고 특출하나니 금강으로 몸이 되었으며, 유리로 줄기가 되었으며, 수많은 묘한 보배로 가지가 되었으며, 보배 잎은 무성하여 내려 덮은 것이 구름과 같으며, 보배 꽃은 수많은 색깔이 가지마다 나누어져 그림자처럼 펼쳐져 있으며, 다시 마니로써 그 열매가 되어 빛을 머금고 빛을 일으켜 꽃으로 더불어 사이에 나열되어 있었습니다.

그 나무가 두루 원만하여 다 광명을 놓으며, 저 광명 가운데 마니보배를 비 내리며, 마니보배 안에 모든 보살이 있나니 그 대중들이 구름같이 동시에 출현하였습니다.

또 여래의 위신력을 사용한 까닭으로 그 보리수가

항상 묘한 음성을 내어 가지가지 법을 설하지만 다함도 궁극도 없었습니다.

여래가 거처하는 바 궁전과 누각이 넓고도 장엄이 화려하여 시방에 충만하고 두루하나니 수많은 색깔의 마니보배로 모아 이룬 바이며, 가지가지 보배 꽃으로 장엄한 바입니다.

모든 장엄기구가 광명을 유출하되 구름같이 하며, 궁전 사이로 좇아 그림자가 모여 당기를 이루며, 끝없는 보살과 도량에 모인 대중들이 다 그곳에 모이며, 능히 모든 부처님의 광명과 사의할 수 없는 음성을 나타내는 마니보배왕으로 그 그물이 되었으며, 여래의 자재한 신통의 힘으로 있는 바 경계가 다 그 가운데로 좇아 나오며, 일체중생과 거처하는 집들도 다 이 가운데서 그 영상처럼 나타났습니다.

또 모든 부처님 위신력의 가피한 바로써 한 생각 사이에 다 법계를 포함하였습니다.

그 사자의 자리가 높고 넓고 묘하고 아름답나니 마니로 좌대가 되었으며, 연꽃으로 그물이 되었으며, 청정하고 묘한 보배로 그 바퀴가 되었으며, 수많은 색깔의 여러 가지 꽃으로 영락을 지었으며, 전당과 정자와 누각과 층계와 섬돌과 문과 창과 무릇 모든 물상物像이 형체를 갖추어 장엄되었으며, 보배나무의 가지와 열매가 두루 돌아 사이에 나열되었으며, 마니보배의 광명 구름이 서로 서로 비추며, 시방의 모든 부처님께서 화현한 구슬 왕과 일체 보살의 상투 가운데 묘한 보배가 다 광명을 놓아 와서 밝게 비추며, 다시 모든 부처님의 위신력의 가피한 바로써 여래의 광대한 경계를 연설하시니, 묘한 음성이 멀리까지 퍼져 곳곳마다 미치지 아니함이 없었습니다.

그때에 세존이 이 자리에 거처하여 일체법에 최상의 바른 깨달음(最正覺)을 성취하시니 지혜가 삼세에 들어가 모두 다 평등하시며, 그 몸이 일체 세간에 충만하시며, 그 음성이 널리 시방의 국토에 순응하시니 비유하자면 허공이 수많은 형상을 갖추어 포함하고 있지만 모든 경계에 분별하는 바가 없는 것과 같으며, 또 허공이 널리 일체에 두루하지만 모든 국토에 평등하게 따라 들어가는 것과 같습니다.

세존의 몸이 항상 일체 도량에 두루 앉으심에 보살 대중 가운데 위엄스런 광명이 밝게 빛나는 것이 마치 태양이 솟아남에 세계를 비추어 밝히는 것과 같으시며, 삼세에 행하신 바 수많은 복덕의 큰 바다가 다 이미 청정하시지만 그러나 항상 모든 부처님의 국토에 태어남을 나타내 보이시며, 끝없는 색상과 원만한 광명이 법계에 두루하되 평등하여 차별이 없으시며, 일체법을 연설하되 마치 큰 구름이 펼쳐지는 것과 같이 하시며, 낱낱 털끝에 다 능히 일체 세계를 용납하여 수용하지만 걸림이 없으시며,

각각 한량없는 신통의 힘을 나타내어 일체중생을 교화하여 조복하시며, 몸이 시방에 두루하지만 그러나 오고 감이 없으시며, 지혜가 모든 법상에 들어가 모든 법이 공적한 줄 아시며, 삼세에 모든 부처님이 소유한 신통변화를 광명 가운데 다 보지 아니함이 없으시며, 일체 부처님의 국토와 사의할 수 없는 세월에 소유한 장엄을 다 하여금 나타나게 하였습니다.

열 부처님 세계에 작은 티끌 수만치 많은 보살마하살이 있어 함께 에워쌌으니 그들의 이름을 말하면 보현보살마하살과 보덕최승등광조 보살마하살과 보광사자당 보살마하살과 보보염묘광 보살마하살과 보음공덕해당 보살마하살과 보지광조여래경 보살마하살과 보보계화당 보살마하살과 보각열의성 보살마하살과 보청정무진복광 보살마하살과 보광명상 보살마하살과 해월광대명 보살마하살과 운음

해광무구장 보살마하살과 공덕보계지생 보살마하살과 공덕자재왕대광 보살마하살과 선용맹연화계 보살마하살과 보지운일당 보살마하살과 대정진금강제 보살마하살과 향염광당 보살마하살과 대명덕심미음 보살마하살과 대복광지생 보살마하살입니다.

이와 같은 등의 보살들이 상수上首가 되어 열 부처님 세계의 작은 티끌 수와 같이 많은 대중이 있었습니다.

이 모든 보살들은 지나간 옛날에 다 비로자나 여래로 더불어 함께 선근을 모아 보살행을 닦았기에 다 여래의 선근의 바다로 좇아 태어난 것입니다.

모든 바라밀이 다 이미 원만하고 지혜의 눈이 밝게 사무쳐 삼세를 평등하게 관찰하며, 모든 삼매가 구족하고 청정하며, 변재가 바다와 같아서 광대하여 끝이 없으며, 부처님의 공덕을 구족하고 존엄하여 가히 공경할 만하며, 중생의 근성을 알아 여법하게 응하여 교화하고 조복하며, 법계장法界藏에 증입하여 지혜가 차별이 없으며, 부처님의 해탈이 깊고도 광대함을 증득하며, 능히 방편으로 한 지위에 들어감을 따라 일체 지위를 서원의 바다로써 소지所持하여 항상 지혜로 더불어 함께하여 미래의 세계가 다하도록 하며, 모든 부처님의 희유하고 광대한 비밀의 경계를 요달하며, 일체 부처님의 평등한 법을 잘 알며, 이미 여래의 넓은 광명의 지위를 밟았으며, 한량없는 삼매 바다의 문에 들어가며 일체 처소에 다 몸을 나타냄을 따라 세간의 법에 행하는 바를 다 그 사실과 같이 하며, 총지總持가 광대하여 수많은 법의 바다를 모으며, 변재가 좋고 교묘하여 물러나지 않는 법륜을 굴리며 일체 여래의 공덕의 큰 바다가 다 그 몸에 들어가며, 일체 모든 부처님이 계시는 바 국토에 다 서원을 따라가서 태어나며, 이미 일찍이 일체 모든 부처님께 공양하여 끝이 없고 끝이 없는 세월에 환희하여 게으름이 없었으며, 일체 여래가 보리를 얻은 처소에 그 가운데 항상 있으면서 친근하고 버리지 않았으며, 항상 얻은 바 보현의 서원의 바다로써 일체중생으로 하여금 지혜의 몸을 구족하게 하나니 이와 같은 한량없는 공덕을 성취하였습니다.

다시 부처님의 세계에 작은 티끌 수만치 많은 집금강신이 있나니 말하자면 묘색나라연 집금강신과 일륜속질당 집금강신과 수미화광 집금강신과 청정운음 집금강신과 제근미묘 집금강신과 가애락광명 집금강신과 대수뢰음 집금강신과 사자왕광명 집금강신과 밀염승목 집금강신과 연화광마니계 집금강신입니다.

이와 같은 등이 상수가 되어 부처님의 세계에 작은 티끌 수만치 많은 집금강신들이 있었나니 다 지나간 옛날의 한량없는 세월 가운데 항상 큰 서원을 일으키고 항상 모든 부처님을 친근하여 공양하기를 서원하였으며, 서원을 따라 행한 바가 이미 원만함을 얻어서 저 언덕에 이르렀으며, 끝없는 청정한 복업을 쌓아 모으며, 모든 삼매에서 행할 바 경계를 다 이미 밝게 통달하였으며, 신통력을 얻어서 여래를 따라 머무르며, 사의할 수 없는 해탈의 경계에 들어가며, 대중이 모인 곳에 거처하지만 위세와 광명이 특별하게 뛰어나며, 모든 중생이 응하는 바를 따라서 몸을 나타내어 조복함을 시현하며, 일체 모든 부처님이 화현한 형상이 있는 곳에 다 화현한 형상을 따라가며, 일체 여래가 머무시는 바 처소에서 항상 부지런히 수호한 이들입니다.

다시 부처님의 세계에 작은 티끌 수만치 많은 신중신이 있나니 말하자면 화계장엄 신중신과 광조시방 신중신과 해음조복 신중신과 정화엄계 신중신과 무량위의 신중신과 최상광엄 신중신과 정광향운 신중신과 수호섭지 신중신과 보현섭취 신중신과 부동광명 신중신입니다.

이와 같은 등이 상수가 되어 부처님의 세계 작은 티끌 수만치 많은 수가 있었나니, 다 지나간 옛날에 큰 서원을 성취하여 일체 모든 부처님을 공양하고 받들어 섬긴 이들입니다.

다시 부처님의 세계에 작은 티끌 수만치 많은 족행신이 있나니 말하자면 보인수 족행신과 연화광 족행신과 청정화계 족행신과 섭제선견 족행신과 묘보성당 족행신과 낙토묘음 족행신과 전단수광 족행신과 연화광명 족행신과 미묘광명 족행신과 적집묘화 족행신입니다.

이와 같은 등이 상수가 되어 부처님의 세계 작은 티끌 수만치 많은 수가 있었나니 다 과거 한량없는 세월 가운데 여래를 친근하여 따라다니며 버리지 아니한 이들입니다.

다시 부처님의 세계에 작은 티끌 수만치 많은 도량신이 있나니 말하자면 정장엄당 도량신과 수미보광 도량신과 뇌음당상 도량신과 우화묘안 도량신과 화영광계 도량신과 우보장엄 도량신과 용맹향안 도량신과 금강채운 도량신과 연화광명 도량신과 묘광조요 도량신입니다.

이와 같은 등이 상수가 되어 부처님의 세계 작은 티끌 수만치 많은 수가 있었나니 다 과거에 한량없는 부처님을 만나서 원력을 성취하여 널리 공양을 일으킨 이들입니다.

다시 부처님의 세계에 작은 티끌 수만치 많은 주성신이 있나니 말하자면 보봉광요 주성신과 묘엄궁전 주성신과 청정희보 주성신과 이우청정 주성신과 화등염안 주성신과 염당명현 주성신과 성복광명 주성신과 청정광명 주성신과 향계장엄 주성신과 묘보광명 주성신입니다.

이와 같은 등이 상수가 되어 부처님의 세계에 작은 티끌 수만치 많은 수가 있었나니 다 한량없고 사의할 수 없는 세월에 여래가 거처하신 바 궁전을 장엄하고 청정케 한 이들입니다.

다시 부처님의 세계에 작은 티끌 수만치 많은 주지신이 있나니 말하자면 보덕정화 주지신과 견복장엄 주지신과 묘화엄수 주지신과 보산중보 주지신과 정목관시 주지신과 묘색승안 주지신과 향모발광 주지신과 열의음성 주지신과 묘화선계 주지신과 금강엄체 주지신입니다.

이와 같은 등이 상수가 되어 부처님의 세계에 작은 티끌 수만치 많은 수가 있었나니 다 지나간 옛날에 깊고 큰 서원을 일으켜 항상 모든 부처님 여래를 친근하여 함께 복업을 닦기를 서원한 이들입니다.

다시 한량없는 주산신이 있나니 말하자면 보봉개화 주산신과 화림묘계 주산신과 고당보조 주산신과 이진정계 주산신과 광조시방 주산신과 대력광명 주산신과 위광보승 주산신과 미밀광륜 주산신과 보안현견 주산신과 금강밀안 주산신입니다.

이와 같은 등이 상수가 되어 그 수가 한량이 없었나니 다 모든 법에 청정한 눈을 얻은 이들입니다.

다시 가히 사의할 수 없는 수의 주림신이 있나니 말하자면 포화여운 주림신과 탁간서광 주림신과 생아발요 주림신과 길상정엽 주림신과 수포염장 주림신과 청정광명 주림신과 가의뢰음 주림신과 광향보변 주림신과 묘광형요 주림신과 화과광미 주림신입니다.

이와 같은 등이 상수가 되어 사의할 수 없는 수가 있었나니 다 한량없는 가히 좋아할 광명이 있는 이들입니다.

다시 한량없는 주약신이 있나니 말하자면 길상 주약신과 전단림 주약신과 청정광명 주약신과 명칭보문 주약신과 모공광명 주약신과 보치청정 주약신과 대발후성 주약신과 폐목광당 주약신과 명견시방 주약신과 익기명목 주약신입니다.

이와 같은 등이 상수가 되어 그 수가 한량이 없었나니, 성품이 다 때를 여의었고 인자하게 중생을 도우는 이들입니다.

다시 한량없는 주가신이 있나니 말하자면 유연승미 주가신과 시화정광 주가신과 색력용건 주가신과 증장정기 주가신과 보생근과 주가신과 묘엄환계 주가신과 윤택정화 주가신과 성취묘향 주가신과 견자애락 주가신과 이구정광 주가신입니다.

이와 같은 등이 상수가 되어 그 수가 한량이 없었나니, 다 큰 기쁨을 성취함을 얻지 아니함이 없는 이들입니다.

다시 한량없는 주하신이 있나니 말하자면 보발신류 주하신과 보결천간 주하신과 이진정안 주하신과 시방변후 주하신과 구호중생 주하신과 무열정광 주하신과 보생환희 주하신과 광덕승당 주하신과 광조보세 주하신과 해덕광명 주하신입니다.

이와 같은 등이 상수가 되어 한량없는 수가 있었나니, 다 부지런히 뜻을 지어 중생을 이익케 한 이들입니다.

다시 한량없는 주해신이 있나니 말하자면 출현보광 주해신과 성금강당 주해신과 원리진구 주해신과 보수궁전 주해신과 길상보월 주해신과 묘화용계 주해신과 보지광미 주해신과 보염화광 주해신과 금강묘계 주해신과 해조뢰음 주해신입니다.

이와 같은 등이 상수가 되어 그 수가 한량이 없었나니 다 여래의 공덕의 큰 바다로써 그 몸을 충만케 한 이들입니다.

다시 한량없는 주수신이 있나니 말하자면 보흥운당 주수신과 해조운음 주수신과 묘색륜계 주수신과 선교선복 주수신과 이구향적 주수신과 복교광음 주수신과 지족자재 주수신과 정희선음 주수신과 보현위광 주수신과 후음변해 주수신입니다.

이와 같은 등이 상수가 되어 그 수가 한량이 없었나니 항상 부지런히 일체중생을 구호하여 이익케 한 이들입니다.

다시 수없는 주화신이 있나니 말하자면 보광염장 주화신과 보집광당 주화신과 대광보조 주화신과 중묘궁전 주화신과 무진광계 주화신과 종종염안 주화신과 시방궁전 여수미산 주화신과 위광자재 주화신과 광명파암 주화신과 뇌음전광 주화신입니다.

이와 같은 등이 상수가 되어 가히 그 수를 말할 수 없었나니 다 능히 가지가지 광명을 시현하여

모든 중생으로 하여금 열뇌熱惱를 제거하여 소멸케
한 이들입니다.

다시 한량없는 주풍신이 있나니 말하자면 무애광
명 주풍신과 보현용업 주풍신과 표격운당 주풍신과
정광장엄 주풍신과 역능갈수 주풍신과 대성변후
주풍신과 수초수계 주풍신과 소행무애 주풍신과
종종궁전 주풍신과 대광보조 주풍신입니다.

이와 같은 등이 상수가 되어 그 수가 한량이 없었
나니, 다 부지런히 아만의 마음을 산멸散滅한 이들입
니다.

다시 한량없는 주공신이 있나니 말하자면 정광보
조 주공신과 보유심광 주공신과 생길상풍 주공신과
이장안주 주공신과 광보묘계 주공신과 무애광염
주공신과 무애승력 주공신과 이구광명 주공신과
심원묘음 주공신과 광변시방 주공신입니다.

이와 같은 등이 상수가 되어 그 수가 한량이 없었나

니, 마음이 다 때를 떠나 광대하고 밝고 맑은 이들입니다.

다시 한량없는 주방신이 있나니 말하자면 변주일체 주방신과 보현광명 주방신과 광행장엄 주방신과 주행불애 주방신과 영단미혹 주방신과 보유정공 주방신과 대운당음 주방신과 계목무란 주방신과 보관세업 주방신과 주변유람 주방신입니다.

이와 같은 등이 상수가 되어 그 수가 한량이 없었나니, 능히 방편으로써 널리 광명을 놓아 항상 시방을 비추어 상속하여 끊어지지 않게 한 이들입니다.

다시 한량없는 주야신이 있나니 말하자면 보덕정광 주야신과 희안관세 주야신과 호세정기 주야신과 적정해음 주야신과 보현길상 주야신과 보발수화 주야신과 평등호육 주야신과 유희쾌락 주야신과 제근상희 주야신과 출생정복 주야신입니다.

이와 같은 등이 상수가 되어 그 수가 한량이 없었나

니 다 부지런히 닦아 익혀 법으로써 즐거움을 삼은 이들입니다.

다시 한량없는 주주신이 있나니 말하자면 시현궁전 주주신과 발기혜향 주주신과 낙승장엄 주주신과 향화묘광 주주신과 보집묘락 주주신과 낙작희목 주주신과 보현제방 주주신과 대비광명 주주신과 선근광조 주주신과 묘화영락 주주신입니다.

이와 같은 등이 상수가 되어 그 수가 한량이 없었나니 다 묘법에 능히 믿고 이해하는 마음을 내어 항상 함께 정근하여 궁전을 장엄하여 꾸민 이들입니다.

다시 한량없는 아수라왕이 있나니 말하자면 나후 아수라왕과 비마질다라 아수라왕과 교환술 아수라왕과 대권속 아수라왕과 대력 아수라왕과 변조 아수라왕과 견고행묘장엄 아수라왕과 광대인혜 아수라왕과 출현승덕 아수라왕과 묘호음성 아수라왕입니다.

이와 같은 등이 상수가 되어 그 수가 한량이 없었나니 다 이미 정근하여 아만과 그리고 모든 번뇌를 꺾어 절복한 이들입니다.

다시 가히 사의할 수 없는 수의 가루라왕이 있나니 말하자면 대속질력 가루라왕과 무능괴보계 가루라왕과 청정속질 가루라왕과 심불퇴전 가루라왕과 대해처섭지력 가루라왕과 견고정광 가루라왕과 교엄관계 가루라왕과 보첩시현 가루라왕과 보관해 가루라왕과 보음광목 가루라왕입니다.

이와 같은 등이 상수가 되어 그 수가 사의할 수 없었나니, 다 이미 큰 방편의 힘을 성취하여 잘 능히 일체중생을 구원하여 섭수한 이들입니다.

다시 한량없는 긴나라왕이 있나니 말하자면 선혜광명천 긴나라왕과 묘화당 긴나라왕과 종종장엄 긴나라왕과 열의후성 긴나라왕과 보수광명 긴나라왕과 견자흔락 긴나라왕과 최승광장엄 긴나라왕과 미묘화당 긴나라왕과 동지력 긴나라왕과 섭복악중 긴나라왕입니다.

이와 같은 등이 상수가 되어 그 수가 한량이 없었나니, 다 부지런히 정진하여 일체법을 관찰하지만 마음이 항상 쾌락하여 자재롭게 노니는 이들입니다.

다시 한량없는 마후라가왕이 있나니 말하자면 선혜 마후라가왕과 청정위음 마후라가왕과 승혜장엄계 마후라가왕과 묘목주 마후라가왕과 여등당위중소귀 마후라가왕과 최승광명당 마후라가왕과 사자억 마후라가왕과 중묘장엄음 마후라가왕과 수미견고 마후라가왕과 가애락광명 마후라가왕입니다.

이와 같은 등이 상수가 되어 그 수가 한량이 없었나니, 다 부지런히 광대한 방편을 닦아 익혀 모든 중생으로 하여금 영원히 어리석음의 그물을 끊게 한 이들입니다.

다시 한량없는 야차왕이 있나니 말하자면 비사문

28

야차왕과 자재음 야차왕과 엄지기장 야차왕과 대지
혜 야차왕과 염안주 야차왕과 금강안 야차왕과 용건
비 야차왕과 용적대군 야차왕과 부자재 야차왕과
역괴고산 야차왕입니다.

이와 같은 등이 상수가 되어 그 수가 한량이 없었나
니, 다 부지런히 일체중생을 수호한 이들입니다.

다시 한량없는 모든 큰 용왕이 있나니 말하자면
비루박차 용왕과 사갈라 용왕과 운음묘당 용왕과
염구해광 용왕과 보고운당 용왕과 덕차가 용왕과
무변보 용왕과 청정색 용왕과 보운대성 용왕과 무열
뇌 용왕입니다.

이와 같은 등이 상수가 되어 그 수가 한량이 없었나
니 정근력으로 구름을 일으키고 비를 내려 모든
중생으로 하여금 열뇌를 소멸케 하지 아니함이 없는
이들입니다.

다시 한량없는 구반다왕이 있나니 말하자면 증장

구반다왕과 용주 구반다왕과 선장엄당 구반다왕과 보요익행 구반다왕과 심가포외 구반다왕과 미목단엄 구반다왕과 고봉혜 구반다왕과 용건비 구반다왕과 무변정화안 구반다왕과 광대천면 아수라안 구반다왕입니다.

이와 같은 등이 상수가 되어 그 수가 한량이 없었나니 다 부지런히 무애無礙 법문을 수학하여 큰 광명을 얻은 이들입니다.

다시 한량없는 건달바왕이 있나니 말하자면 지국 건달바왕과 수광 건달바왕과 정목 건달바왕과 화관 건달바왕과 보음 건달바왕과 낙요동묘목 건달바왕과 묘음사자당 건달바왕과 보방보광명 건달바왕과 금강수화당 건달바왕과 낙보현장엄 건달바왕입니다.

이와 같은 등이 상수가 되어 그 수가 한량이 없었나니 다 큰 법에 깊이 믿고 이해하는 마음을 내어 환희하고 좋아하고 소중히 여겨 부지런히 닦아 게으르지 아니한 이들입니다.

다시 한량없는 월천자가 있나니 말하자면 월천자와 화왕계광명 천자와 중묘정광명 천자와 안락세간심 천자와 수왕안광명 천자와 시현청정광 천자와 보유부동광 천자와 성수왕자재 천자와 정각월 천자와 대위덕광명 천자입니다.

이와 같은 등이 상수가 되어 그 수가 한량이 없었나니 다 부지런히 중생의 마음에 보배를 현발顯發한 이들입니다.

다시 한량없는 일천자가 있나니 말하자면 일천자와 광염안 천자와 수미광가외경당 천자와 이구보장엄 천자와 용맹불퇴전 천자와 묘화영광명 천자와 최승당광명 천자와 보계보광명 천자와 광명안 천자와 지승덕 천자와 보광명 천자입니다.

이와 같은 등이 상수가 되어 그 수가 한량이 없었나

니 다 부지런히 닦아 익혀 중생을 이익케 하고 그 선근을 증장한 이들입니다.

다시 한량없는 삼십삼천왕이 있나니 말하자면 석가인다라 천왕과 보칭만음 천왕과 자목보계 천왕과 보광당명칭 천왕과 발생희락계 천왕과 가애락정념 천왕과 수미승음 천왕과 성취념 천왕과 가애락정화광 천왕과 진일안 천왕과 자재광명능각오 천왕입니다.

이와 같은 등이 상수가 되어 그 수가 한량이 없었나니 다 부지런히 일체 세간의 광대한 업을 발기發起한 이들입니다.

다시 한량없는 수야마천왕이 있나니 말하자면 선시분 천왕과 가애락광명 천왕과 무진혜공덕당 천왕과 선변화단엄 천왕과 총지대광명 천왕과 부사의지혜 천왕과 윤제 천왕과 광염 천왕과 광조 천왕과 보관찰대명칭 천왕입니다.

이와 같은 등이 상수가 되어 그 수가 한량이 없었나니 다 부지런히 광대한 선근을 닦아 익혀 마음이 항상 기쁘고 만족한 이들입니다.

다시 가히 사의할 수 없는 수의 도솔타천왕이 있나니 말하자면 지족 천왕과 희락해계 천왕과 최승공덕당 천왕과 적정광 천왕과 가애락묘목 천왕과 보봉정월 천왕과 최승용건력 천왕과 금강묘광명 천왕과 성수장엄당 천왕과 가애락장엄 천왕입니다.

이와 같은 등이 상수가 되어 사의할 수 없는 수가 있었나니 다 부지런히 일체 모든 부처님이 소유한 명호를 생각하여 가진 이들입니다.

다시 한량없는 화락천왕이 있나니 말하자면 선변화 천왕과 적정음광명 천왕과 변화력광명 천왕과 장엄주 천왕과 염광 천왕과 최상운음 천왕과 중묘최승광 천왕과 묘계광명 천왕과 성취희혜 천왕과 화광계 천왕과 보견시방 천왕입니다.

이와 같은 등이 상수가 되어 그 수가 한량이 없었나니 다 부지런히 일체중생을 조복하여 하여금 해탈을 얻게 한 이들입니다.

다시 수없는 타화자재천왕이 있나니 말하자면 득자재 천왕과 묘목주 천왕과 묘관당 천왕과 용맹혜 천왕과 묘음구 천왕과 묘광당 천왕과 적정경계문 천왕과 묘륜장엄당 천왕과 화예혜자재 천왕과 인다라력묘장엄광명 천왕입니다.

이와 같은 등이 상수가 되어 그 수가 한량이 없었나니 다 부지런히 자재한 방편과 광대한 법문을 닦아 익힌 이들입니다.

다시 가히 수없는 대범천왕이 있나니 말하자면 시기 천왕과 혜광 천왕과 선혜광명 천왕과 보운음 천왕과 관세언음자재 천왕과 적정광명안 천왕과 광변시방 천왕과 변화음 천왕과 광명조요안 천왕과 열의해음 천왕입니다.

이와 같은 등이 상수가 되어 가히 그 수를 말할 수 없었나니 다 큰 자비를 갖추어 중생을 어여삐 여기고 광명을 펴 널리 비추어 그로 하여금 쾌락케 한 이들입니다.

다시 한량없는 광음천왕이 있나니 말하자면 가애락광명 천왕과 청정묘광 천왕과 능자재음 천왕과 최승염지 천왕과 가애락청정묘음 천왕과 선사유음 천왕과 보음변조 천왕과 심심광음 천왕과 무구칭광명 천왕과 최승정광 천왕입니다.

이와 같은 등이 상수가 되어 그 수가 한량이 없었나니 다 광대하고 적정하고 희락한 걸림 없는 법문에 머문 이들입니다.

다시 한량없는 변정천왕이 있나니 말하자면 청정명칭 천왕과 최승견 천왕과 적정덕 천왕과 수미음 천왕과 정염안 천왕과 가애락최승광조 천왕과 세간자재주 천왕과 광염자재 천왕과 낙사유법변화 천왕과 변화당 천왕과 성수음묘장엄 천왕입니다.

이와 같은 등이 상수가 되어 그 수가 한량없었나니다 이미 광대한 법문에 안주安住하여 모든 세간에 부지런히 이익을 짓게 한 이들입니다.

다시 한량없는 광과천왕이 있나니 말하자면 애락법광명당 천왕과 청정장엄해 천왕과 최승혜광명 천왕과 자재지혜당 천왕과 낙적정 천왕과 보지안 천왕과 낙선혜 천왕과 선종혜광명 천왕과 무구적정광 천왕과 광대청정광 천왕입니다.

이와 같은 등이 상수가 되어 그 수가 한량이 없었나니 다 적정한 법으로 궁전을 삼아 그 가운데 안주하지 아니함이 없는 이들입니다.

다시 수없는 대자재천왕이 있나니 말하자면 묘염해 천왕과 자재명칭광 천왕과 청정공덕안 천왕과 가애락대혜 천왕과 부동광자재 천왕과 묘장엄안 천왕과 선사유광명 천왕과 가애락대지 천왕과 보음

장엄당 천왕과 극정진명칭광 천왕입니다.

　이와 같은 등이 상수가 되어 가히 그 수를 말할 수 없었나니 다 부지런히 무상無相의 법을 관찰하여 행하는 바가 평등한 이들입니다.

세주묘엄품 ②

그때에 여래의 도량에 대중이 다 이미 구름처럼 모이니 끝없는 품류品類들이 두루 돌아 가득히 자리하였으며, 형체와 안색과 거느리는 사람과 따르는 사람들이 각각 차별하여 온 바 방소를 따라 세존을 친근하고 일심으로 우러러보았습니다.

이 모든 대중들은 이미 일체 번뇌와 마음의 때와 그리고 나머지 습기를 떠나 중첩된 장애의 산을 꺾고 부처님의 걸림 없는 몸을 보았으며, 이와 같은 대중들은 다 비로자나여래가 지나간 옛날의 시절, 바다 같은 세월 가운데 보살의 행을 닦아서 사섭四攝의 일로써 일찍이 섭수한 이들입니다.

낱낱 부처님의 처소에서 선근을 심을 때 다 이미

잘 섭수하였으며, 가지가지 방편으로 교화하고 성숙케 하여 그들로 하여금 일체 지혜의 도道에 안립安立케 하였습니다.

한량없는 선근을 심어 수많은 큰 복을 얻었으며, 다 이미 방편과 서원의 바다에 들어갔으며, 행할 바의 행이 구족하고 청정하였으며, 출리出離할 길에 이미 능히 잘 출리하였으며, 항상 부처님을 보되 분명하게 비추어 알았으며, 수승한 지해知解의 힘으로써 여래의 공덕의 큰 바다에 들어갔으며, 모든 부처님의 해탈의 문을 얻어서 노닐되 신통하나니 말하자면 묘염해대자재 천왕은 법계 허공계에 적정한 방편의 힘인 해탈문을 얻었으며, 자재명칭광 천왕은 널리 일체법을 관찰하되 다 자재한 해탈문을 얻었으며 청정공덕안 천왕은 일체법이 난 적도 없고 사라진 적도 없고, 온 적도 없고 간 적도 없는 줄 알아서 공용功用이 없는 행의 해탈문을 얻었으며,

가애락대혜 천왕은 일체법의 진실한 모습을 현재에 보는 지혜 바다의 해탈문을 얻었으며, 부동광자재 천왕은 중생들에게 끝없는 안락을 주는 큰 방편과 선정의 해탈문을 얻었으며, 묘장엄안 천왕은 하여금 적정법을 관찰케 하여 모든 어리석음의 어둠으로 두려워함을 소멸케 하는 해탈문을 얻었으며, 선사유 광명 천왕은 끝없는 경계에 잘 들어가 일체 제유諸有에 사유하는 업을 일으키지 않는 해탈문을 얻었으며, 가애락대지 천왕은 널리 시방에 가서 설법하지만 동요하지도 않고 의지하는 바도 없는 해탈문을 얻었으며, 보음장엄당 천왕은 부처님의 적정한 경계에 들어가 널리 광명을 나타내는 해탈문을 얻었으며, 명칭광선정진 천왕은 스스로 깨달은 바 처소에 머물러서 끝없이 광대한 경계로써 반연할 바를 삼는 해탈문을 얻었습니다.

그때에 묘염해 천왕이 부처님의 위신력을 받아

널리 일체 자재천의 대중을 관찰하고 게송을 설하여
말하기를,

부처님의 몸은 널리 모든 대법회에 두루하고
법계에 충만하여 끝이 없으며,
적멸하여 자성이 없어 가히 취할 수 없지만
세간을 구제하기 위하여 출현하셨습니다.

여래의 법왕이 세간에 출현하여
능히 세간을 비추는 묘한 법등을 켜심에
경계가 끝이 없고 또한 다함이 없으시니
이것은 자재명칭 천왕의 증득한 바입니다.

부처님은 부사의하여 분별을 떠나
그 모습이 시방에 있는 바가 없는 줄 요달하시고
세간을 위하여 청정한 도를 널리 여시니

이와 같은 것은 청정공덕안 천왕이 능히 보았습니다.

여래의 지혜는 끝이 없어서

일체 세간이 능히 측량할 수 없으며

영원히 중생의 어리석음의 어두운 마음을 소멸하

시니

가애락대혜 천왕이 여기에 들어가 깊이 편안하게

머뭅니다.

여래의 공덕은 사의할 수 없어서

중생들이 보는 사람마다 번뇌를 소멸하며

널리 세간으로 하여금 안락을 얻게 하나니

부동광자재 천왕이 능히 보았습니다.

중생이 어리석음의 어둠으로 항상 미혹하여 덮여

있기에

여래가 그들을 위하여 적정법을 설하시니
이것은 곧 세간을 비추는 지혜의 등불입니다.
묘장엄안 천왕이 능히 이 방편을 알았습니다.

여래의 청정하고 묘한 색신이
널리 시방에 나타남에 비교할 이 없으나
이 여래의 몸은 자성도 없고 의지처도 없나니
선사유광명 천왕이 관찰하는 바입니다.

여래의 음성은 한계도 없고 걸림도 없어서
교화를 받아 감당할 이는 듣지 못함이 없지만
부처님은 고요하여 항상 동요하지 않으시니
이것은 가애락대지 천왕의 해탈입니다.

적정해탈자 하늘땅의 주인이
시방에 현전現前하지 않는 곳이 없으시고

광명의 비침이 세간에 넘쳐나시니
이것은 걸림 없는 법으로 보음장엄당 천왕이 보았습
니다.

부처님이 끝없는 큰 세월 바다에
중생을 위한 까닭으로 보리를 구하시고
가지가지 신통으로 일체중생을 교화하시니
명칭광선정진 천왕이 이 법을 깨달았습니다.

　다시 가애락법광명당 천왕은 널리 일체중생의
근기를 관찰하여 설법해 의심을 끊게 하는 해탈문을
얻었으며, 정장엄해 천왕은 기억하고 생각함을 따라
하여금 부처님을 보게 하는 해탈문을 얻었으며, 최
승혜광명 천왕은 법성이 평등하여 의지할 바가 없는
장엄신의 해탈을 얻었으며, 자재지혜당 천왕은 일체
세간의 법을 요지了知하여 한 생각 가운데 사의할

44

수 없는 장엄의 바다를 안립安立하는 해탈문을 얻었으며, 낙적정 천왕은 한 털구멍에 사의할 수 없는 부처님의 국토를 나타내지만 걸림이 없는 해탈문을 얻었으며, 보지안 천왕은 넓은 문에 들어가서 법계를 관찰하는 해탈문을 얻었으며, 낙선혜 천왕은 일체중생을 위하여 가지가지로 출현하지만 끝없는 세월에 항상 앞에 나타나는 해탈문을 얻었으며, 선종혜광명 천왕은 일체 세간의 경계를 관찰하여 사의할 수 없는 법에 들어가는 해탈문을 얻었으며, 무구적정광 천왕은 일체중생으로 하여금 고통에서 벗어나게 하는 중요한 법문을 시현하는 해탈문을 얻었으며, 광대청정광 천왕은 일체 응당 교화할 중생을 관찰하여 하여금 불법에 들어가게 하는 해탈문을 얻었습니다.

그때에 가애락법광명당 천왕이 부처님의 위신력을 받아 널리 일체 소광천과 무량광천과 광과천의

대중을 관찰하고 게송을 설하여 말하기를,

모든 부처님의 경계는 사의할 수 없기에
일체중생이 능히 측량할 수 없으며
널리 그 중생의 마음으로 하여금 믿음과 지혜를 내게
하지만
광대한 마음의 즐거움은 다함이 없습니다.

만약 어떤 중생이라도 법을 받아 감당할 사람이라면
부처님의 위신력으로 저 중생을 개도開導하여
그로 하여금 항상 부처님이 현전함을 보게 하나니
정장엄해 천왕이 이와 같이 보았습니다.

일체법의 자성이 의지하는 바가 없고
부처님이 세간에 출현하심도 또한 이와 같아서
널리 제유諸有에 의지하는 곳이 없나니

이 뜻은 최승지광명 천왕이 능히 관찰하였습니다.

모든 중생이 마음에 욕망하는 바를 따라서
부처님이 신통력으로 다 능히 나타내시지만
각각 차별함을 사의할 수 없나니
이것은 자재지혜당 천왕의 해탈 바다입니다.

과거에 있던 바 모든 국토를
한 털구멍 가운데 다 시현하는 것은
이것은 모든 부처님의 큰 신통력이시니
애락적정 천왕이 능히 선설하였습니다.

일체 법문의 끝없는 바다가
한 법문의 도량 가운데 함께 모임에
이와 같은 법의 자성을 부처님이 설하시는 바이니
보지안 천왕이 능히 이 방편을 밝혔습니다.

시방에 있는 바 모든 국토에
다 그 가운데 있어서 설법하지만
부처님의 몸은 간 적도 없고 또한 온 적도 없으시나니
애락혜선 천왕의 경계입니다.

부처님은 세간의 법이 빛의 그림자와 같은 줄 보시고
저 매우 깊고 그윽이 깊은 곳에까지 들어가서
모든 법의 자성이 항상 고요함을 설하시나니
선종사유 천왕이 능히 이것을 보았습니다.

부처님이 모든 경계를 잘 아시고
중생의 근기를 따라 진리의 비를 내려
사의하기 어려운 고통에서 벗어나게 하는 중요한
법문을 여시니
이것은 무구적정광 천왕이 능히 깨달아 들어갔습
니다.

세존이 항상 큰 자비로써

중생을 이익케 하기 위하여 출현하여

평등하게 진리의 비를 내려 그 중생의 그릇에 넘쳐나

게 하시니

이것은 광대청정광 천왕이 능히 연설하였습니다.

　다시 청정혜명칭 천왕은 일체중생의 해탈도와

방편을 요달하는 해탈문을 얻었으며, 최승견 천왕은

일체 모든 하늘 대중의 좋아하는 바를 따라서 빛의

그림자와 같이 널리 시현하는 해탈문을 얻었으며,

적정덕 천왕은 널리 일체 부처님의 경계를 장엄하고

맑게 하는 큰 방편의 해탈문을 얻었으며, 수미음

천왕은 모든 중생을 따라 영원히 생사의 바다에

유전하는 해탈문을 얻었으며, 정염안 천왕은 여래가

중생을 조복하는 행을 기억하고 생각하는 해탈문을

얻었으며, 가애락보조 천왕은 보문다라니의 바다에

서 유출한 해탈문을 얻었으며, 세간자재주 천왕은 능히 중생으로 하여금 부처님을 만나 믿음의 창고를 내게 하는 해탈문을 얻었으며, 광염자재 천왕은 능히 일체중생으로 하여금 법문을 듣고 믿고 기쁘게 하여 벗어나게 하는 해탈문을 얻었으며, 낙사유법변화 천왕은 일체 보살의 조복하는 행이 허공과 같아 끝도 없고 다함도 없는 데 들어가는 해탈문을 얻었으며, 변화당 천왕은 중생의 한량없는 번뇌를 관찰하는 넓은 자비와 지혜의 해탈문을 얻었으며, 성수음 묘장엄 천왕은 광명을 놓아 부처님을 나타내어 삼륜으로 섭수하여 교화하는 해탈문을 얻었습니다.

그때 청정혜명칭 천왕이 부처님의 위신력을 받아 널리 일체 소정천과 무량정천과 변정천의 대중을 관찰하고 게송을 설하여 말하기를,

법의 자성을 요달하여 알아 걸림이 없는 이가

널리 시방의 한량없는 국토를 나타내고
부처님의 경계가 사의할 수 없음을 설하여
중생으로 하여금 모두 다 해탈의 바다에 돌아가게
하였습니다.

여래가 세간에 거처하시지만 의지하는 바가 없는
것이
비유하자면 빛의 그림자가 수많은 국토에 나타나
지만
법의 자성은 구경에 생기하는 바가 없는 것과 같나니
이것은 최승견 천왕이 들어간 바 법문입니다.

한량없는 세월의 바다에 방편을 닦아
널리 시방의 모든 국토를 청정케 하시고
법계가 여여하여 항상 동요하지 않게 하시니
적정덕 천왕이 깨달은 바입니다.

중생이 어리석음으로 덮이어 가린 바가 되어
눈이 어두워 항상 생사 가운데 거처하거늘
여래가 청정한 도를 시현하시니
이것은 수미음 천왕의 해탈입니다.

모든 부처님이 행하신 바 더 이상 없는 도를
일체중생이 능히 측량할 수 없거늘
가지가지 방편의 문으로 시현하시니
정염안 천왕이 자세히 관찰하여 능히 다 알았습니다.

여래가 항상 총지문을 사용하시는 것이
비유하자면 국토 바다의 작은 티끌 수와 같아서
중생에게 시현하여 가르치되 일체에 두루하게 하
시니
가애락보조 천왕이 여기에 능히 들어갔습니다.

여래가 세간에 출현하시는 것은 매우 만나기 어려워
한량없는 세월의 바다 시절에 겨우 한 번이나 만날까
능히 중생으로 하여금 믿음과 지혜를 내게 하시니
이것은 세간자재주 천왕이 얻은 바입니다.

부처님은 법의 자성이 다 자성이 없어서
깊고도 깊고 넓고도 커서 사의할 수 없다고 설하여
널리 중생으로 하여금 청정한 믿음을 내게 하시니
광염자재 천왕이 능히 잘 알았습니다.

삼세 여래의 공덕이 원만하여
중생의 세계를 교화하는 것이 사의할 수 없거늘
저것을 사유케 하여 경사와 기쁨을 내게 하시니
이와 같은 것은 낙사유법변화 천왕이 능히 열어 연설
하였습니다.

중생이 번뇌의 바다에 빠져 있어
어리석고 소견이 탁하여 심히 가히 두려워하기에
대사께서 어여삐 여겨 하여금 영원히 떠나게 하시니
이것은 변화당 천왕이 관찰한 바 경계입니다.

여래가 항상 큰 광명을 놓아
낱낱 광명 가운데 한량없는 부처님이
각각 중생을 교화하는 일을 나타내시니
이것은 성수묘음장엄 천왕이 들어간 바 문입니다.

　다시 가애락광명 천왕은 항상 적정의 즐거움을
받지만, 능히 탄생하여 모습을 나타내어 생사의 고
통을 소멸하는 해탈문을 얻었으며, 청정묘광 천왕은
큰 자비심이 상응하는 바다에서 일체중생이 기뻐하
고 즐거워하는 창고의 해탈문을 얻었으며, 자재음
천왕은 한 생각 가운데 널리 끝없는 세월에 일체중생

의 복덕의 힘을 나타내는 해탈문을 얻었으며, 최승넘지 천왕은 널리 이루어지고 머물고 무너지는 일체 세간으로 하여금 다 허공과 같이 청정케 하는 해탈문을 얻었으며, 가애락정묘음 천왕은 일체 성인의 법을 사랑하고 좋아하고 믿고 받아들이는 해탈문을 얻었으며, 선사유음 천왕은 능히 수 세월이 지나도록 머물러 일체 지위(地)와 뜻과 그리고 방편을 연설하는 해탈문을 얻었으며, 연장엄음 천왕은 일체 보살이 도솔천궁으로 좇아 사라져 하생下生할 때에 크게 공양하는 방편의 해탈문을 얻었으며, 심심광음 천왕은 끝없는 신통과 지혜의 바다를 관찰하는 해탈문을 얻었으며, 광대명칭 천왕은 일체 부처님의 공덕의 바다가 만족하여 세간에 출현하는 방편력의 해탈문을 얻었으며, 최승정광 천왕은 여래가 지나간 옛날에 서원한 힘으로 깊이 믿고 사랑하고 좋아하는 창고를 발생하는 해탈문을 얻었습니다.

그때에 가애락광명 천왕이 부처님의 위신력을
받아 널리 일체 소광천과 무량광천과 극광천의 대중
을 관찰하고 게송을 설하여 말하기를,

내가 여래께서 옛날에 행하신 바를 생각하되
끝없는 부처님을 받들어 섬기고 공양하여
본래의 믿는 마음과 같이 청정케 한 그 업을
부처님의 위신력으로써 지금 다 봅니다.

부처님의 몸은 형상도 없고 수많은 때도 떠났지만
항상 자비와 애민의 지위에 머물러서
세간에 우환을 다 하여금 제거케 하시니
이것은 청정묘광 천왕의 해탈입니다.

부처님의 법은 광대하여 끝이 없어서
일체 국토 바다가 그 가운데 나타나지만

그 이루어지고 무너지는 것이 각각 같지 아니함과
같이하시니
자재음 천왕의 해탈한 힘입니다.

부처님의 신통력은 더불어 같을 이가 없어서
널리 시방에 광대한 국토를 나타내시며
다 하여금 장엄하고 청정케 하여 항상 앞에 나타나게
하시니
최승념지 천왕의 해탈한 방편입니다.

모든 국토 바다의 작은 티끌 수와 같이
있는 바 여래를 다 공경하고 받들어
법문을 듣고 염오심을 떠나 헛되이 버리지 않았으니
이것은 가애락정묘음 천왕의 법문의 작용입니다.

부처님의 한량없는 큰 세월 바다에

지위와 방편을 설한 것이 짝할 이가 없으며
설한 바가 끝도 없고 다함도 없으시니
선사유음 천왕이 이 뜻을 알았습니다.

여래의 신통은 한량없는 문으로써
한 생각에 저 일체 처소에
태어나고 성도하시는 큰 방편을 나타내시니
이것은 연장엄음 천왕의 해탈입니다.

위신력을 소지所持하여 능히 연설하며
그리고 모든 부처님의 신통 사事를 나타내어
그들의 근욕根欲을 따라서 다 하여금 청정케 하시니
이것은 심심광음 천왕의 해탈문입니다.

여래의 지혜는 끝이 없어서
세상 가운데 같을 이도 없고 집착하는 바도 없지만

자비한 마음으로 중생을 응대하려 널리 앞에 나타나
시니
광대명칭 천왕이 이 도를 깨달았습니다.

부처님이 옛날에 보리행을 닦아 익히려
시방의 일체 부처님께 공양하시고
낱낱 부처님의 처소에서 서원을 일으키셨나니
최승정광 천왕이 듣고 크게 환희하였습니다.

　다시 시기 범왕은 시방의 도량 가운데 머물러서
법을 설하지만 행하는 바가 청정하여 물들거나 집착
함이 없는 해탈문을 얻었으며, 혜광 범왕은 일체중
생으로 하여금 선 삼매에 들어가서 머물게 하는
해탈문을 얻었으며, 선사혜광명 범왕은 널리 일체
사의할 수 없는 법에 들어가는 해탈문을 얻었으며,
보운음 범왕은 모든 부처님의 일체 음성의 바다에

들어가는 해탈문을 얻었으며, 관세언음자재 범왕은 능히 보살이 일체중생을 교화하는 방편을 기억하고 생각하는 해탈문을 얻었으며, 적정광명안 범왕은 일체 세간의 업과 과보의 모습이 각각 차별함을 나타내는 해탈문을 얻었으며, 보광명 범왕은 일체중생의 품류가 차별함을 따라 다 앞에 나타나 조복하는 해탈문을 얻었으며, 변화음 범왕은 일체법의 청정한 모습과 적멸한 행의 경계에 머무는 해탈문을 얻었으며, 광요안 범왕은 일체 유有에 집착하는 바도 없고 끝도 없고 의지함도 없지만, 항상 부지런히 출현하는 해탈문을 얻었으며, 열의해음 범왕은 항상 끝없는 법을 사유하고 관찰하는 해탈문을 얻었습니다.

그때에 시기대 범왕이 부처님의 위신력을 받아 널리 일체 범신천과 범보천과 범중천과 대범천의 대중을 관찰하고 게송을 설하여 말하기를,

부처님의 몸은 청정하여 항상 적멸하고
광명이 비치어 세간에 두루하지만
모습도 없고 행도 없고 영상도 없는 것이
비유하자면 허공의 구름이 이와 같이 나타나는 것과
같습니다.

부처님의 몸은 이와 같은 선정의 경계로
일체중생이 능히 측량할 수 없거늘
저 사의하기 어려운 방편문을 시현하시니
이것은 혜광 범왕의 깨달은 바입니다.

부처님 국토의 작은 티끌 수만치 많은 법문의 바다를
한마디로 연설하여 다 남김이 없이 하고
이와 같이 겁해劫海토록 연설하여 다함이 없이 하시니
선사혜광명 범왕의 해탈입니다.

모든 부처님은 원만한 음성을 세간과 같이하여
중생이 유형을 따라 각각 앎을 얻게 하지만
그러나 음성에는 분별이 없으시니
보운음범 천왕이 이와 같이 깨달았습니다.

삼세에 있는 바 모든 여래의
보리에 취입하는 방편의 행이
일체가 다 부처님의 몸에서 나타내는 것이니
관세언음자재 범천왕의 해탈입니다.

일체중생의 업이 다르기에
그 원인을 따라 가지 가지 다름을 감득하거늘
세간이 이와 같음을 부처님이 다 나타내시니
적정광명안 범천왕이 능히 깨달아 들어갔습니다.

한량없는 법문에 다 자재하여

중생을 조복하고 시방에 두루하지만
또한 그 가운데 분별을 일으키지 않으시니
이것은 보광명 범천왕의 경계입니다.

부처님의 몸은 허공과 같아서 가히 다할 수 없으며
모습도 없고 걸림도 없고 시방에 두루하지만
응함이 있는 곳에 나타나는 것이 다 환화와 같으시니
변화음 범왕이 이 도를 깨달았습니다.

여래의 몸 모습은 끝이 없으며
지혜와 음성도 또한 이와 같아서
세간에 거처하여 형상을 나타내지만 집착하는 바가
없으시니
광요안 범천왕이 이 문에 들어갔습니다.

법왕이 묘법의 궁전에 편안히 거처하여

법신의 광명을 비추지 아니함이 없지만
법의 자체성은 비유할 곳도 없고 모든 모습도 없으
시니
이것은 열의해음 범천왕의 해탈입니다.

　다시 자재 천왕은 앞에 나타나 한량없는 중생들을
성숙케 하되 자재로 하는 창고의 해탈문을 얻었으
며, 선목주 천왕은 일체중생의 즐거움을 관찰하여
하여금 성인의 경계의 즐거움에 들어가게 하는 해탈
문을 얻었으며, 묘보당관 천왕은 모든 중생의 가지
가지 낙욕과 견해를 따라 하여금 정행正行을 일으키
게 하는 해탈문을 얻었으며, 용맹혜 천왕은 널리
일체중생을 위하여 설한 바 뜻을 섭수하는 해탈문을
얻었으며, 묘음구 천왕은 여래의 광대한 자비를 기
억하고 생각하여 스스로 행할 바에 더욱더 나아가는
해탈문을 얻었으며, 묘광당 천왕은 대비문을 시현하

여 일체 교만의 당기를 꺾어 없애는 해탈문을 얻었으며, 적정경 천왕은 일체 세간의 성내고 해치는 마음을 조복하는 해탈문을 얻었으며, 묘륜장엄당 천왕은 시방의 끝없는 부처님이 기억하고 생각함을 따라다 와서 이르는 해탈문을 얻었으며, 화광혜 천왕은 중생이 마음에 생각함을 따라서 널리 정각을 성취함을 나타내는 해탈문을 얻었으며, 인다라묘광 천왕은 널리 일체 세간에 들어가서 큰 위력으로 자재하는 법의 해탈문을 얻었습니다.

그때에 자재 천왕이 부처님의 위신력을 받아 널리 일체 자재천의 대중을 관찰하고 게송을 설하여 말하기를,

부처님의 몸은 두루하여 법계와 같아서
널리 중생에게 응하여 다 그들 앞에 나타나
가지가지 교문敎門으로 항상 교화하고 달래며

저 법에 자재하여 능히 깨닫게 하십니다.

세간에 있는 바 가지가지 즐거움에
성인의 적멸락으로 가장 수승함을 삼아
저 광대한 법성 가운데 머물게 하시나니,
묘안 천왕이 이것을 관찰하고 보았습니다.

여래가 출현하여 시방에 두루하사
널리 중생의 마음에 응하여 법을 설하여
일체 의심하는 생각을 다 제거하여 끊으시니
이것은 묘보당관 천왕의 해탈문입니다.

모든 부처님이 세간에 두루하여 미묘한 음성을 연설
하여
한량없는 세월 가운데 설한 바 법을
능히 한마디로써 다 설하여 다하시니

용맹혜 천왕의 해탈입니다.

세간에 있는 바 광대한 자비라도
여래의 한 털끝 자비에도 미치지 못하며
부처님의 자비는 허공과 같아 가히 다할 수 없나니
이것은 묘음구 천왕의 얻은 바입니다.

일체중생의 교만의 높은 산을
십력으로 꺾어 다하여 다 남음이 없게 하는 것은
이것은 이 여래의 큰 자비의 작용이시니
묘광당 천왕이 행한 바 도道입니다.

지혜의 광명이 청정하여 세간에 충만하거늘
만약 보는 사람이 있다면 어리석은 어둠을 제거하여
그로 하여금 모든 악도에서 멀리 떠나가게 하시니
적정경 천왕이 이 법을 깨달았습니다.

털구멍의 광명이 능히

중생의 수와 같은 모든 부처님의 명호를 연설하여

그들이 좋아하는 바를 따라서 다 들음을 얻게 하나니

이것은 묘륜장엄당 천왕의 해탈입니다.

여래는 자재하여 가히 헤아릴 수 없어서

법계 허공계에 다 충만하거든

일체 모인 대중들이 다 분명하게 보나니

이 해탈문에는 화광혜 천왕이 들어갔습니다.

한량없고 끝없는 큰 세월의 바다에

널리 시방에 나타나 법을 설하시지만

일찍이 부처님은 가고 옴이 있음을 보지 못하였나니

이것은 인다라묘광 천왕의 깨달은 바입니다.

　다시 선화 천왕은 일체 업의 변화하는 힘을 개시開

示하는 해탈문을 얻었으며, 적정음광명 천왕은 일체 반연을 버리고 떠나는 해탈문을 얻었으며, 변화력광명 천왕은 널리 일체중생의 어리석음의 어두운 마음을 소멸하여 지혜로 하여금 원만케 하는 해탈문을 얻었으며, 장엄주 천왕은 끝없이 마음을 기쁘게 하는 소리를 시현하는 해탈문을 얻었으며, 염광 천왕은 일체 부처님의 끝없는 복덕의 모습을 요달하여 아는 해탈문을 얻었으며, 최상운음 천왕은 널리 과거 일체 세월에 이루어지고 무너지는 차례를 아는 해탈문을 얻었으며, 승광 천왕은 일체중생을 개오하는 지혜의 해탈문을 얻었으며, 묘계 천왕은 광명을 펴 시방의 허공에 빨리 넘쳐나게 하는 해탈문을 얻었으며, 희혜 천왕은 일체 마군의 작위作爲하는 바가 능히 무너뜨릴 수 없는 정진의 힘의 해탈문을 얻었으며, 화광계 천왕은 일체중생이 업으로 받은 바 과보를 아는 해탈문을 얻었으며, 보견시방 천왕

은 사의할 수 없는 중생들의 유형이 차별함을 시현하
는 해탈문을 얻었습니다.

　그때에 선화 천왕이 부처님의 위신력을 받아 널리
일체 선화천의 대중을 관찰하고 게송을 설하여 말하
기를,

세간의 업성이 사의할 수 없거늘
부처님이 미한 중생을 위하여 다 열어 보여
인연의 진실한 이치와
일체중생의 차별된 업을 교묘하게 설하셨습니다.

가지가지로 부처님을 관찰하지만 있는 바가 없고
시방에 구하고 찾아보아도 가히 얻을 수 없으며
법신으로 시현하는 것은 진실이 아니니
이 법은 적정음광명 천왕의 본 바입니다.

부처님이 세월(劫)의 바다에서 모든 행을 닦은 것은

세간에 어리석음의 어두운 망혹을 소멸하기 위한

것이기에

이런 까닭으로 청정한 광명으로 최고로 비추어 밝히

시니

이것은 변화력광명 천왕이 마음에 깨달은 바입니다.

세간에 있는 바 미묘한 음성이라도

능히 여래의 음성에는 비교할 수 없고

부처님은 한 음성으로써 시방에 두루하시니

이 해탈문에 들어간 이는 장엄주 천왕입니다.

세간에 있는 바 수많은 복덕의 힘도

여래의 한 모습으로 더불어 같지 못하고

여래의 복덕은 허공과 같으시니

이것은 염광 천왕이 관찰하여 본 바입니다.

삼세에 있는 바 한량없는 세월에
그 이루어지고 무너짐과 같은 가지가지 모습을
부처님의 한 털구멍에 다 능히 나타내시니
최상운음 천왕이 아는 바입니다.

시방의 허공은 가히 그 양을 알 수 있지만
부처님의 털구멍의 양은 가히 앎을 얻을 수 없나니
이와 같이 걸림이 없고 사의할 수 없는 것을
묘계 천왕은 이미 능히 깨달았습니다.

부처님은 지난 세상 한량없는 세월에
광대한 바라밀을 갖추어 닦았으며
부지런히 정진을 행하여 싫어하거나 게으름이 없으
셨나니
희혜 천왕이 능히 이 법문을 알았습니다.

업의 자성과 인연이 가히 사의할 수 없는 것을
부처님이 세간을 위하여 다 연설하시지만
법의 자성은 본래 청정하여 모든 때가 없나니
이것은 화광계 천왕이 들어간 곳입니다.

그대들은 응당 부처님의 한 털구멍을 관찰하세요.
일체중생이 다 그 가운데 있지만
저 중생이 또한 온 적도 없고 또한 간 적도 없나니
이것은 보견시방 천왕이 아는 바입니다.

다시 지족 천왕은 일체 부처님이 세간에 출흥하여
고륜敎輪을 원만케 하는 해탈문을 얻었으며, 희락해
계 천왕은 허공계에 청정한 광명의 몸을 다하게
하는 해탈문을 얻었으며, 최승공덕당 천왕은 세간의
고통을 소멸하는 청정한 서원의 바다의 해탈문을
얻었으며, 적정광 천왕은 널리 몸을 나타내어 법을

설하는 해탈문을 얻었으며, 선목 천왕은 널리 일체 중생을 청정케 하는 해탈문을 얻었으며, 보봉월 천왕은 널리 세간을 교화하여 항상 앞에 나타나는 무진장無盡藏의 해탈문을 얻었으며, 용건력 천왕은 일체 부처님의 정각 경계를 열어 보이는 해탈문을 얻었으며 , 금강묘광 천왕은 일체중생의 보리심을 견고하게 하여 하여금 가히 무너뜨릴 수 없게 하는 해탈문을 얻었으며, 성수당 천왕은 일체 부처님이 출흥하심에 다 친근하고 관찰하여 중생을 조복하는 방편의 해탈문을 얻었으며, 묘장엄 천왕은 한 생각에 일체중생의 마음을 다 알고 근기를 따라 응하여 나타나는 해탈문을 얻었습니다.

그때에 지족 천왕이 부처님의 위신력을 받아 널리 일체 지족천의 대중을 관찰하고 게송을 설하여 말하기를,

여래는 광대하여 법계에 두루하시고
모든 중생에게 다 평등하시며
널리 중생에게 응하여 묘한 문을 열어
하여금 사의하기 어려운 청정한 법에 들어가게 하십
니다.

부처님의 몸이 널리 시방에 나타나심에
집착함도 없고 걸림도 없어 가히 취할 수 없지만
가지가지 색상을 세간이 다 보나니
이것은 희락해계 천왕이 들어간 바입니다.

여래가 지나간 옛날에 모든 행을 닦으시되
청정한 큰 서원이 깊기가 바다와 같아서
일체 불법을 다 하여금 만족케 하시니
최승공덕당 천왕이 능히 이 방편을 알았습니다.

여래의 법신은 사의할 수 없는 것이
마치 그림자가 형상을 나누어 법계와 같게 함과
같아서
곳곳에 일체법을 밝히시니
적정광 천왕의 해탈문입니다.

중생은 업혹에 얽혀 덮인 바로
교만하고 방일하여 마음이 치달리고 방탕하거늘
여래가 그들을 위하여 적정법을 설하시니
선목 천왕이 비추어 알고 마음에 기뻐하고 경사하였
습니다.

일체 세간에 참 도사가
구원자 되고 귀의처 되기 위하여 출현하여
널리 중생에게 안락한 처소를 보이시니
보봉월 천왕이 여기에 능히 깊이 들어갔습니다.

모든 부처님의 경계는 사의할 수 없어서
일체 법계에 다 두루하며
모든 법에 들어가서 저 언덕에 이르시니
용혜력 천왕이 이것을 보고 환희를 내었습니다.

만약 어떤 중생이라도 교화 받음을 감당하여
부처님의 공덕을 듣고 보리에 나아가려 한다면
하여금 복덕의 바다에 머물러 항상 청정케 하시나니
금광묘광 천왕이 여기에 능히 관찰하였습니다.

시방의 국토 바다에 작은 티끌 수만치 많은
일체 부처님의 처소에 다 가서 모여
공경하고 공양하여 법문을 들었나니
이것은 묘장엄당 천왕이 본 바입니다.

중생의 마음 바다는 사의할 수 없어서

머무름도 없고 움직임도 없고 의지할 곳도 없거늘
부처님이 한 생각에 다 분명하게 보시니
묘장엄 천왕이 이것을 잘 알았습니다.

다시 시분 천왕은 일체중생에게 선근을 일으키게
하여 하여금 근심과 번뇌를 영원히 떠나게 하는
해탈문을 얻었으며, 묘광 천왕은 널리 일체 경계에
들어가는 해탈문을 얻었으며, 무진혜공덕당 천왕은
일체 근심을 멸제하는 대비륜大悲輪의 해탈문을 얻
었으며, 선화단엄 천왕은 삼세에 일체중생의 마음을
요달하여 아는 해탈문을 얻었으며, 총지대광명 천왕
은 다라니문의 광명으로 일체법을 기억해 가져 잃음
이 없는 해탈문을 얻었으며, 부사의혜 천왕은 일체
업의 자성에 잘 들어가는 사의할 수 없는 방편의
해탈문을 얻었으며, 윤제 천왕은 법륜을 전하여 중
생을 성숙케 하는 방편의 해탈문을 얻었으며, 광염

천왕은 광대한 눈으로 널리 중생을 관찰하여 가서 조복케 하는 해탈문을 얻었으며, 광조 천왕은 일체 업장을 뛰어나게 하여 마군의 작란하는 바를 따르지 않게 하는 해탈문을 얻었으며, 보관찰대명칭 천왕은 일체 모든 하늘 대중을 잘 달래어 가르쳐서 하여금 받아 행하게 하고 마음을 청정하게 하는 해탈문을 얻었습니다.

그때에 시분 천왕이 부처님의 위신력을 받아 널리 일체 시분천의 대중을 관찰하고 게송을 설하여 말하기를,

부처님은 한량없이 오랜 먼 세월에
이미 세간의 근심과 번뇌의 바다를 말리시고
널리 육진을 떠난 청정한 도를 열어서
영원히 중생에게 지혜의 등을 비추십니다.

여래의 법신은 깊고도 광대하여
시방에 그 끝을 가히 얻을 수 없으며
일체 방편도 한량이 없으시니
묘광명 천왕이 지혜로 능히 들어갔습니다.

생로병사와 우비고뇌가
세간을 핍박하여 잠시도 쉬지 않거늘
대사께서 어여삐 여겨 다 멸제하기를 서원하시니
무진혜광공덕당 천왕이 능히 깨달아 알았습니다.

부처님의 환과 같은 지혜는 걸리는 바가 없고
삼세의 법에 다 분명하게 통달하여
널리 중생의 심행心行 가운데 들어가시니
이것은 선화단엄 천왕의 경계입니다.

총지의 끝도 가히 얻을 수 없고

변재의 큰 바다도 또한 끝이 없어서
능히 청정하고도 묘한 법륜을 전하시니
이것은 총지대광명 천왕의 해탈입니다.

업의 자성이 광대하여 끝이 없거늘
지혜로 깨달아 아시고 잘 열어 보이시되
일체 방편이 사의할 수 없으시니
이와 같은 것은 부사의혜 천왕의 들어간 바입니다.

사의할 수 없이 묘한 법륜을 전하여
보리의 도를 닦아 익힌 것을 나타내 보여
영원히 일체중생의 고통을 소멸케 하시니
이것은 윤제 천왕의 방편의 경지입니다.

여래의 참다운 몸은 본래로 둘이 없지만
중생을 응대하고 형상을 따라 세간에 충만하기에

중생이 각각 그 앞에 있음을 보나니
이것은 광염 천왕의 경계입니다.

만약 어떤 중생이라도 한 번만 부처님을 친견하면
반드시 하여금 모든 업장을 깨끗이 제거하게 하며
모든 마군의 업을 떠나 영원히 남음이 없게 하리니
광조 천왕이 행한 바 도입니다.

일체 대중이 모인 광대한 바다에
부처님이 그 가운데 계셔 가장 위대하고 빛나시며
널리 진리의 비를 내려 중생을 윤택케 하시니
이 해탈문에는 보관찰대명칭 천왕이 들어갔습니다.

　다시 석가인다라 천왕은 삼세에 부처님이 출흥하
심을 기억하여 생각하며, 내지 국토가 이루어지고
무너짐을 다 분명하게 보아 크게 환희하는 해탈문을

얻었으며, 보칭만음 천왕은 능히 부처님의 색신으로 하여금 가장 청정하고 광대하게 하여 세간에 능히 비교할 데가 없는 해탈문을 얻었으며, 자목보계 천왕은 자비의 구름이 널리 덮는 해탈문을 얻었으며, 보광당명칭 천왕은 항상 부처님이 일체 세주世主들 앞에 가지가지 형상의 위덕신威德身을 나타내심을 보는 해탈문을 얻었으며, 발생희락계 천왕은 일체중생의 성과 읍과 궁전이 무슨 복업으로 좇아 나왔는지를 아는 해탈문을 얻었으며, 단정엄 천왕은 모든 부처님이 중생을 성숙케 하는 일을 열어 보이는 해탈문을 얻었으며, 고승음 천왕은 일체 세간의 이루어지고 무너지는 세월에 전전히 변화하는 모습을 아는 해탈문을 얻었으며, 성취념 천왕은 당래에 보살이 중생을 조복하는 행을 기억하여 생각하는 해탈문을 얻었으며, 정화광 천왕은 일체 모든 하늘이 쾌락하는 원인을 요달하여 아는 해탈문을 얻었으며,

지일안 천왕은 일체 모든 천자가 생生을 받는 선근을 열어 보여 하여금 어리석음의 미혹을 없애게 하는 해탈문을 얻었으며, 자재광명 천왕은 일체 모든 하늘 대중을 열어 깨닫게 하여 하여금 영원히 가지가지 의심을 끊게 하는 해탈문을 얻었습니다.

그때에 석가인다라 천왕이 부처님의 위신력을 받아 널리 일체 삼십삼천의 대중을 관찰하고 게송을 설하여 말하기를,

내가 삼세의 일체 부처님을 생각하니
소유하신 경계가 다 평등하며
그와 같은 국토가 무너지고 그리고 이루어지는 것을
부처님의 위신력으로 다 봄을 얻었습니다.

부처님의 몸은 광대하여 시방에 두루하며
묘한 색신은 비교할 데 없고 중생을 이익케 하며

광명은 비치어 미치지 아니함이 없으시니
이 도道는 보칭만음 천왕이 능히 보았습니다.

여래의 방편과 큰 자비의 바다는
지나간 세월에 수행으로 지극히 청정하며
중생을 교화하여 인도하는 것이 끝이 없으시니
자목보계 천왕이 이것을 깨달아 알았습니다.

내가 법왕의 공덕 바다를 생각하니
세간 가운데 가장 높아 더불어 같을 이가 없으며
광대한 환희심을 발생케 하시니
이것은 보광당명칭 천왕의 해탈입니다.

부처님은 중생의 선업의 바다에
가지가지 수승한 인연으로 큰 복이 나온 줄 알고
다 하여금 남김없이 나타내시니

이것은 발생희락계 천왕이 본 바입니다.

모든 부처님이 시방에 출현하시고
널리 일체 세간 가운데 두루하여
중생의 마음을 관찰하고 조복함을 보이시니
단정염 천왕이 이 도를 깨달았습니다.

여래의 지혜의 몸에 광대한 눈은
세계에 작은 티끌조차 보지 아니함이 없으시며
이와 같이 널리 시방에 두루하시니
이것은 고운음 천왕의 해탈입니다.

일체 불자의 보리행을
여래가 다 털구멍 가운데 나타내시며
그와 같이 한량없이 다 구족하시니
이것은 성취염 천왕이 분명하게 보는 바입니다.

세간에 있는 바 안락한 일들은
일체가 다 부처님을 인유하여 출생하며
여래의 공덕은 수승하여 같을 이가 없나니
이 해탈의 처소에는 정화광 천왕이 들어갔습니다.

만약 여래의 적은 공덕이라도 생각하거나
내지 한 생각이라도 마음을 오로지 하여 우러러보면
모든 악도의 두려움이 다 영원히 제멸되리니
지일안 천왕이 여기에 능히 깊게 깨달아 들어갔습
니다.

적멸법 가운데 큰 신통으로
널리 중생의 마음에 응하여 두루하지 아니함이 없
어서
있는 바 의혹을 다 하여금 끊게 하시니
이것은 자재광명 천왕이 얻은 바입니다.

다시 일천자는 청정한 광명으로 널리 시방의 중생을 비추어 미래의 세월이 다하도록 항상 이익케 하는 해탈문을 얻었으며, 광염안 천자는 일체 유형을 따르는 몸으로써 중생을 열어 깨닫게 하여 하여금 지혜의 바다에 들어가게 하는 해탈문을 얻었으며, 수미광환희당 천자는 일체중생의 주인이 되어 하여금 끝없는 청정한 공덕을 부지런히 닦게 하는 해탈문을 얻었으며, 정보월 천자는 일체 고행을 닦아 깊은 마음으로 환희하는 해탈문을 얻었으며, 용맹불퇴전 천자는 걸림 없는 광명으로 널리 비추어 일체중생으로 하여금 그 정상精爽을 증익케 하는 해탈문을 얻었으며, 묘화영광명 천자는 청정한 광명으로 널리 중생의 몸을 비추어 하여금 환희로 믿고 아는 마음의 바다를 내게 하는 해탈문을 얻었으며, 최승당광명 천자는 광명으로 널리 일체 세간을 비추어 하여금 가지가지 묘한 공덕을 이루어 갖추게 하는 해탈문을 얻었으며, 보계보광명 천자는 대비의 바다에 끝없는 경계의 가지가지 색상의 보배를 나타내는 해탈문을 얻었으며, 광명안 천자는 일체중생의 눈을 맑게 치료하여 하여금 법계의 창고를 보게 하는 해탈문을 얻었으며, 지덕 천자는 청정하게 상속하는 마음을 발생하여 하여금 잃거나 무너지지 않게 하는 해탈문을 얻었으며, 보운행광명 천자는 널리 태양의 궁전을 운행하여 시방의 일체중생을 비추어 하여금 지을 바 업을 성취케 하는 해탈문을 얻었습니다.

그때에 일천자가 부처님의 위신력을 받아 널리 일체 일천자의 대중을 관찰하고 게송을 설하여 말하기를,

여래가 광대한 지혜의 광명으로
널리 시방의 모든 국토를 비추시니
일체중생이 다 부처님이

가지가지로 조복하는 수많은 방편을 봅니다.

여래의 색상은 끝이 없어서
그들이 좋아하는 바를 따라 다 몸을 나타내어
널리 세간을 위하여 지혜의 바다를 여시니
광염안 천자가 이와 같이 부처님을 관찰하였습니다.

부처님의 몸은 같을 이도 없고 비교할 이도 없으며
광명은 비추어 시방에 두루하여
일체를 뛰어 지나 최고로 더 이상 없으시니
이와 같은 법문은 수미광환희당 천자가 얻었습니다.

세간을 이익케 하기 위하여 고행을 닦고
삼계에 왕래하기를 한량없는 세월토록 하셨지만
광명이 두루 청정한 것이 마치 허공과 같으시니
정보월 천자가 능히 이 방편을 알았습니다.

부처님이 묘음으로 걸림 없이 연설하여
널리 시방의 모든 국토에 두루하여
법의 자미滋味로써 중생을 이익케 하시니
용맹불퇴전 천자가 능히 이 방편을 알았습니다.

부처님이 광명의 그물을 사의할 수 없이 놓아
널리 일체 모든 중생(含識)을 청정케 하여
다 하여금 깊이 믿고 아는 마음을 발생케 하시니
이것은 묘화영광명 천자가 들어간 바 해탈문입니다.

세간에 있는 바 모든 광명은
부처님의 한 털구멍 광명에도 미치지 못하며
부처님의 그 광명은 이와 같이 사의할 수 없나니
이것은 최승당광명 천자의 해탈입니다.

일체 모든 부처님은 법이 이와 같아서

다 보리수나무왕 아래에 앉아
도를 행하지 않는 사람으로 하여금 도에 머물게
하시니
보계보광명 천자가 이와 같이 보았습니다.

중생이 눈이 멀고 어리석어 고통을 받나니
부처님이 그들로 하여금 청정한 눈을 내게 하고자
이런 까닭으로 지혜의 등을 켜시니
선목 천자가 여기에 깊게 관찰하였습니다.

해탈과 방편에 자재한 세존을
만약 어떤 사람이 일찍이 친견하고 한 번만이라도
공양한다면
다 하여금 수행하여 여래과에 이르게 하시니
이것은 지덕 천자의 방편력입니다.

한 법문 가운데 한량없는 법문을
한량없는 천구의 세월에 이와 같이 연설하시니
연설한 바 법문의 광대한 뜻을
보운행광명 천자가 아는 바입니다.

다시 월천자는 청정한 광명으로 널리 법계를 비추어 중생을 섭수하여 교화하는 해탈문을 얻었으며, 화왕계광명 천자는 일체중생의 세계를 관찰하여 하여금 널리 끝없는 법계에 들어가게 하는 해탈문을 얻었으며, 중묘정광 천자는 일체중생의 마음 바다와 가지가지로 반연하여 전轉하는 것을 요달하여 아는 해탈문을 얻었으며, 안락세간심 천자는 일체중생에게 가히 사의할 수 없는 안락을 주어 하여금 뛰면서 크게 환희케 하는 해탈문을 얻었으며, 수왕안광명 천자는 농부가 농업을 함에 종자와 싹과 줄기 등을 때를 따라 수호하여 하여금 성취케 하는 것과 같은 해탈문을 얻었으며, 출현정광 천자는 자비로 일체중생을 구호하여 하여금 고통을 받고 즐거움을 받는 일을 현재 보게 하는 해탈문을 얻었으며, 보유부동광 천자는 능히 청정한 달을 가져 널리 시방에 나타내는 해탈문을 얻었으며, 성수왕자재 천자는 일체법이 환과 같고 허공과 같아 모습도 없고 자성도 없음을 열어 보이는 해탈문을 얻었으며, 정각월 천자는 널리 일체중생을 위하여 큰 업의 작용을 일으키는 해탈문을 얻었으며, 대위덕광명 천자는 널리 일체 의혹을 끊는 해탈문을 얻었습니다.

그때에 월천자가 부처님의 위신력을 받아 널리 일체 달의 궁전 가운데 모든 하늘 대중이 모인 것을 관찰하고 게송을 설하여 말하기를,

부처님이 광명을 놓아 세간에 두루하게 하시고
시방의 모든 국토를 비추어

사의할 수 없는 광대한 법을 연설하여
영원히 중생의 의혹의 어둠을 깨뜨리십니다.

경계가 끝이 없고 다함이 없음을
한량없는 세월에 항상 열어 인도하여
가지가지 자재롭게 중생을 교화하시니
화왕계광명 천자가 이와 같이 관찰하였습니다.

중생의 마음 바다가 생각 생각에 다름을
부처님의 지혜는 넓어 다 요달하여 아시고
널리 법을 설하여 하여금 환희케 하시니
이것은 중묘광명 천자의 해탈입니다.

중생이 성스러운 안락이 없어서
악도에 빠져 미혹하여 모든 고통을 받기에
여래가 저 법성의 문을 보이시니

안락세간심 천자가 사유하여 이와 같이 보았습니다.

희유하신 여래께서 큰 자비로
중생을 이익케 하기 위하여 제유諸有에 들어가서
법을 설하고 선행을 권하여 하여금 성취케 하시니
이것은 목광 천자가 요달하여 아는 바입니다.

세존이 진리의 광명을 열어 밝혀
세간에 모든 업성과
선악의 소행이 잃거나 무너짐이 없는 줄 분별하시니
출현정광 천자가 이것을 보고 환희를 내었습니다.

부처님이 일체 복의 의지할 바가 되는 것이
비유하자면 대지가 궁전과 집을 유지하는 것과 같
아서
근심을 떠난 안은한 도를 교묘하게 보이시나니

보유부동광 천자가 능히 이 방편을 알았습니다.

지혜의 불 큰 광명이 법계에 두루하여
형상을 수없이 나타내어 중생과 같게 하여
널리 일체중생을 위하여 진실을 여시니
성수왕자재 천왕이 이 도를 깨달았습니다.

부처님은 허공과 같아 자성이 없지만
중생을 이익케 하기 위하여 세간에 나타나
상호의 장엄을 영상과 같이 하시니
정각월 천왕이 이와 같이 보았습니다.

부처님 몸의 털구멍에서 널리 법음을 연설하여
법의 구름이 세간을 덮어 다 남음이 없게 하시거늘
듣는 사람들이 환희를 내지 아니함이 없나니
이와 같은 해탈은 대위덕광명 천자가 깨달았습니다.

세주묘엄품 ③

다시 지국 건달바왕은 자재한 방편으로 일체중생을 섭수하는 해탈문을 얻었으며, 수광 건달바왕은 널리 일체 공덕으로 장엄한 것을 보게 하는 해탈문을 얻었으며, 정목 건달바왕은 영원히 일체중생의 근심과 괴로움을 끊고 환희의 창고를 출생하게 하는 해탈문을 얻었으며, 화관 건달바왕은 일체중생의 사견邪見의 의혹을 영원히 끊게 하는 해탈문을 얻었으며, 희보보음 건달바왕은 구름이 널리 펼쳐 덮는 것과 같이 일체중생을 널리 덮어 윤택케 하는 해탈문을 얻었으며, 낙요동미목 건달바왕은 광대하고 묘호한 몸을 나타내어 일체중생으로 하여금 안락함을 얻게 하는 해탈문을 얻었으며, 묘음사자당 건달바왕은 시방에 일체 크게 이름난 보배를 널리 흩는 해탈문을 얻었으며, 보방보광명 건달바왕은 일체가 크게 환희하는 광명이 청정한 몸을 나타내는 해탈문을 얻었으며, 금강수화당 건달바왕은 널리 일체 나무를 번식하고 무성하게 하여 보는 사람으로 하여금 환희케 하는 해탈문을 얻었으며, 보현장엄 건달바왕은 일체 부처님의 경계에 잘 들어가서 중생으로 더불어 안락케 하는 해탈문을 얻었습니다.

그때 지국 건달바왕이 부처님의 위신력을 받아 널리 일체 건달바 대중을 관찰하고 게송을 설하여 말하기를,

모든 부처님의 경계 한량없는 문에는
일체중생이 능히 들어갈 수 없거늘,
선서善逝는 허공과 같이 성품이 청정하여
널리 세간을 위하여 정도正道를 여셨습니다.

여래의 낱낱 털구멍 가운데
공덕의 큰 바다가 다 충만하여
일체 세간을 다 이롭고 안락케 하시니,
이것은 수광 건달바왕이 능히 본 바입니다.

세간에 광대한 근심과 괴로움의 바다를
부처님이 능히 녹여 다하여 모두 남김이 없게 하는
것은
여래의 자비롭고 어여삐 여기는 수많은 방편이시니
정목 건달바왕이 여기에 능히 깊게 알았습니다.

시방의 국토 바다는 끝이 없거늘,
부처님이 지혜의 광명으로써 다 비추어
널리 하여금 사악한 견해를 씻어 제멸케 하시니
이것은 수화 건달바왕이 들어간 바 법문입니다.

부처님이 지난 옛날 한량없는 세월에

큰 자비의 방편행을 닦아 익혀

일체 세간을 다 위로하고 안락케 하시니

이 도는 희보보음 건달바왕이 능히 깨달아 들어갔습니다.

부처님의 몸은 청정하여 다 즐겁게 보고

능히 세간에 끝없는 즐거움을 내시며

해탈의 인과를 차례로 성취하시니

낙요동미목 건달바왕이 여기에서 잘 개시하였습니다.

중생은 미혹으로 항상 유전하여

어리석음의 번뇌가 지극히 견고하고 세밀하거늘

여래가 그 중생을 위하여 광대한 법을 설하시니

묘음사자당 건달바왕이 능히 연창하였습니다.

여래가 널리 묘한 색신을 나타내시되
한량없이 차별하길 중생과 같이하여
가지가지 방편으로 세간을 비추시니
보방보광명 건달바왕이 이와 같이 보았습니다.

큰 지혜의 방편 한량없는 문을
부처님이 중생을 위하여 널리 열어
수승한 깨달음의 진실한 행에 들어가게 하시니,
이것은 금강수화당 건달바왕이 잘 관찰하였습니다.

한 찰나 가운데 백천 세월을
부처님의 힘으로 능히 나타내지만 움직인 바가 없고,
평등하게 안락으로써 중생에게 베풀어 주시니
이 안락은 보현장엄 건달바왕의 해탈입니다.

다시 증장 구반다왕은 일체 원수들의 해치는 힘을

소멸하는 해탈문을 얻었으며, 용주 구반다왕은 끝없는 행문의 바다를 닦아 익히는 해탈문을 얻었으며, 장엄당 구반다왕은 일체중생이 마음에 좋아하는 바를 아는 해탈문을 얻었으며, 요익행 구반다왕은 청정한 대광명으로 지은 바 업을 널리 성취케 하는 해탈문을 얻었으며, 가포외 구반다왕은 일체중생에게 안은하고 두려움이 없는 도를 열어 보이는 해탈문을 얻었으며, 묘장엄 구반다왕은 일체중생의 애욕의 바다를 말려 다하는 해탈문을 얻었으며, 고봉혜 구반다왕은 제취諸趣에 광명의 구름을 널리 나타내는 해탈문을 얻었으며, 용건비 구반다왕은 널리 광명을 놓아 산과 같이 무거운 장애를 소멸케 하는 해탈문을 얻었으며, 무변정화안 구반다왕은 물러나지 않는 대비의 창고를 열어 보이는 해탈문을 얻었으며, 광대면 구반다왕은 제취에 유전하는 몸을 널리 나타내는 해탈문을 얻었습니다.

그때 증장 구반다왕이 부처님의 위신력을 받아
널리 일체 구반다 대중을 관찰하고 게송을 설하여
말하기를,

인욕의 힘으로 성취한 세간의 도사가
중생을 위하여 한량없는 세월토록 수행하여
영원히 세간에 교만의 미혹을 떠났기에
이런 까닭으로 그 몸이 가장 청정하십니다.

부처님이 옛날에 모든 행의 바다를 널리 닦아
시방의 한량없는 중생을 교화하시며,
가지가지 방편으로 중생을 이익케 하시니
이 해탈문은 용주 구반다왕이 얻었습니다.

부처님이 큰 지혜로써 중생을 구제하시되
그 마음을 분명하게 알지 아니함이 없어서,

가지가지로 자재롭게 조복하시니
장엄당 구반다왕이 이것을 보고 환희심을 내었습
니다.

신통으로 응하여 나타내는 것이 마치 빛의 그림자와
같고
법륜의 진실한 것이 허공과 같아서
이와 같이 세간에 거처하기를 다함없는 세월토록
하시니
이것은 요익행 구반다왕이 증득한 바입니다.

중생이 어리석음에 가려 항상 의혹을 입거늘
부처님이 광명으로 안은한 도를 비추어 나타내어,
구호를 지어 하여금 고통을 제멸케 하시니
가포외 구반다왕이 능히 이 법문을 관찰하였습니다.

애욕의 바다에 빠져 수많은 고통을 갖추어 받거늘
지혜의 광명으로 널리 비추어 남김없이 제멸하시고
이미 고통을 제멸하여 마침에 법을 설하시니
이것은 묘장엄 구반다왕이 깨달은 바입니다.

부처님이 몸을 널리 응하여 보지 않는 이가 없게
하고
가지가지 방편으로 중생을 교화하시되
음성을 우뢰의 진동소리와 같이 하여 진리의 비를
내리시니
이와 같은 법문에는 고봉혜 구반다왕이 들어갔습
니다.

청정한 광명은 헛되이 일어나지 않기에
만약 만나기만 하면 반드시 하여금 무거운 장애를
소멸케 하고

부처님의 공덕을 끝없이 연설케 하나니
용건비 구반다왕이 능히 이 깊은 도리를 밝혔습니다.

모든 중생을 안락케 하고자 하기 위하여
대비를 한량없는 세월토록 닦아 익혀
가지가지 방편으로 수많은 고통을 제멸하시니
이와 같은 것은 무변정화안 구반다왕이 본 바입니다.

신통이 자재하여 사의할 수 없기에
그 몸을 널리 나타내어 시방에 두루하시지만
그러나 일체 처소에 온 적도 간 적도 없으시니
이것은 광대면 구반다왕이 마음에 요달한 바입니다.

　다시 비루박차 용왕은 일체 모든 용들의 갈래에
치연熾然한 고통을 소멸케 하는 해탈문을 얻었으며,
사갈라 용왕은 한 생각 가운데 스스로 용의 형상을

전변하여 한량없는 중생의 몸을 시현하는 해탈문을 얻었으며, 운음당 용왕은 일체 제유諸有의 갈래 가운데 청정한 음성으로 부처님의 끝없는 명호의 바다를 설하는 해탈문을 얻었으며, 염구 용왕은 끝없는 부처님의 세계를 널리 나타내어 건립을 차별하게 하는 해탈문을 얻었으며, 염 용왕은 일체중생의 성냄과 어리석음의 번뇌를 여래가 자비로 어여삐 여겨 하여금 제멸케 하는 해탈문을 얻었으며, 운당 용왕은 일체중생이 크게 기뻐하고 즐거워하는 복덕의 바다를 열어 보이는 해탈문을 얻었으며, 덕차가 용왕은 청정하게 구호하는 음성으로써 일체 두려움을 멸제케 하는 해탈문을 얻었으며, 무변보 용왕은 일체 부처님의 색신과 그리고 머무시는 세월의 차례를 시현하는 해탈문을 얻었으며, 청정색속질 용왕은 일체중생이 크게 좋아하고 환희하는 바다를 출생하는 해탈문을 얻었으며, 보행대음 용왕은 일체 음성과 평등한 음성과 마음을 기쁘게 하는 음성과 걸림이 없는 음성을 시현하는 해탈문을 얻었으며, 무열뇌 용왕은 큰 자비의 널리 덮는 구름으로써 일체 세간의 고통을 멸제하는 해탈문을 얻었습니다.

그때 비루박차 용왕이 부처님의 위신력을 받아 널리 일체 모든 용의 대중을 관찰하여 마치고 곧 게송을 설하여 말하기를,

그대들은 여래의 법이 항상 그러한 줄 관찰하세요.
일체중생을 다 이익케 하시며
능히 큰 자비로 어여삐 여기시는 힘으로써
저 두려운 길에 빠진 사람들을 빼내어 주십니다.

일체중생이 가지가지로 다르지만
한 털끝에 다 시현하시는
신통과 변화가 세간에 충만하시니,

사갈라 용왕이 이와 같이 부처님을 관찰하였습니다.

부처님이 신통의 한없는 힘으로써
널리 명호를 연설하되 중생의 수와 같이 하여
그들이 좋아하는 바를 따라 널리 하여금 듣게 하시니
이와 같은 법문은 운음당 용왕이 능히 깨달아 알았습
니다.

한량없고 끝없는 국토의 중생을
부처님이 능히 하여금 한 털구멍에 들어가게 하시고
여래가 저 회중에 편안하게 앉으시니
이것은 염구 용왕이 본 바입니다.

일체중생은 성내는 마음과
번뇌의 어리석음이 깊기가 바다와 같거늘
여래가 자비로 어여삐 여겨 다 제멸케 하시니

염 용왕이 이것을 관찰하여 능히 분명하게 보았습
니다.

일체중생의 복덕의 힘을
부처님의 털구멍 가운데 다 나타내시며
나타내어 마치시고 하여금 큰 복덕의 바다에 돌아가
게 하시니
이것은 고운당 용왕이 관찰한 바입니다.

부처님 몸의 털구멍에 지혜의 광명이 일어나고
그 광명이 곳곳에서 묘한 음성을 연창하거늘
중생이 듣는 사람은 근심과 두려움을 제멸하나니
덕차가 용왕이 이 도를 깨달았습니다.

삼세에 일체 모든 여래와
국토장엄 세월의 차례를

이와 같이 다 부처님의 몸에서 나타내시니
광보 용왕이 이 신통력을 보았습니다.

내가 여래께서 옛날에 수행하신 것을 보니
일체 모든 부처님의 바다에 공양하시고
저곳에서 다 기뻐하고 즐거워하는 마음을 증장하
시니
이것은 청정색속질 용왕이 들어간 바입니다.

부처님이 방편으로 유형을 따르는 음성으로써
중생을 위하여 설법하여 하여금 환희케 하신데
그 음성이 청아하여 중생들이 기뻐하는 바이니
보행대음 용왕이 이 법문을 듣고 기쁜 마음으로 깨달
았습니다.

중생이 제유諸有 가운데 핍박을 받고

업혹으로 표전漂轉하지만 구제해줄 사람이 없거늘
부처님이 큰 자비로 하여금 해탈케 하시니
무열뇌 큰 용왕이 능히 이것을 깨달았습니다.

다시 비사문 야차왕은 끝없는 방편으로써 악한
중생을 구호하는 해탈문을 얻었으며, 자재음 야차왕
은 널리 중생을 관찰하여 방편으로 구호하는 해탈문
을 얻었으며, 엄지기장 야차왕은 능히 일체 매우
파리하고 싫어하는 중생을 도와 이익케 하는 해탈문
을 얻었으며, 대지혜 야차왕은 일체 성인의 공덕의
바다를 칭양하는 해탈문을 얻었으며, 염안주 야차왕
은 널리 일체중생을 큰 자비와 지혜로 관찰하는
해탈문을 얻었으며, 금강안 야차왕은 가지가지 방편
으로 일체중생을 이익하고 안락케 하는 해탈문을
얻었으며, 용건비 야차왕은 널리 일체 모든 법의法義
에 들어가는 해탈문을 얻었으며, 용적대군 야차왕은

일체중생을 수호하여 하여금 도에 머물러 헛되이 지나는 사람이 없게 하는 해탈문을 얻었으며, 부재 야차왕은 일체중생에게 복덕의 뭉치를 증장하여 하여금 항상 쾌락을 받게 하는 해탈문을 얻었으며, 역괴고산 야차왕은 기억하고 생각함을 따라 부처님의 힘과 지혜광명을 출생하는 해탈문을 얻었습니다.

그때 다문대 야차왕이 부처님의 위신력을 받아 일체 야차의 모인 대중을 널리 관찰하고 게송을 설하여 말하기를,

중생의 죄악이 깊고도 가히 두려워
백천 세월에도 부처님을 보지 못하고
생사에 표류하여 수많은 고통을 받나니
이 중생들을 구호하기 위하여 부처님이 세간에 출흥
하셨습니다.

여래가 모든 세간에 중생을 구호하려고
다 일체중생 앞에 나타나
저 두려운 길에 윤전輪轉하는 고통을 쉬게 하시니
이와 같은 법문은 자재음 야차왕이 들어갔습니다.

중생의 악업이 무거운 장애가 되거늘
부처님이 묘한 진리를 보여 하여금 열어 알게 하시는
것이
비유하자면 밝은 등불로 세간을 비추는 것과 같나니
이 법문은 엄지기장 야차왕이 능히 보았습니다.

부처님이 옛날 세월의 바다에서 모든 행을 닦을 때에
시방의 일체 부처님을 칭찬하였기에
그런 까닭으로 높고도 멀고 큰 이름의 소문이 있나니
이것은 대지혜 야차왕이 요달한 바입니다.

지혜가 허공과 같아 끝이 없듯이
법신도 광대하여 사의할 수 없기에
이런 까닭으로 시방에 다 출현하시니
염목주 야차왕이 이것을 능히 관찰하였습니다.

일체 제취諸趣 가운데 묘음을 연창하여
법을 설해 모든 중생을 이익케 하시되
그 음성이 미치는 곳에 수많은 고통을 멸제하시니
이 방편문에 들어간 사람은 금강안 야차왕입니다.

일체 깊고도 깊고 광대한 뜻을
여래가 한 구절로 능히 연설하시되
이와 같은 가르침과 진리를 세간과 같게 하시니
용건혜 야차왕이 깨달은 바입니다.

일체중생이 사도에 머물기에

부처님이 정도의 사의할 수 없음을 개시하여
널리 세간으로 하여금 법기法器를 성취케 하시니
이것은 용적대군 야차왕이 능히 깨달아 알았습니다.

세간에 있는 바 수많은 복업의
일체가 다 부처님의 광명을 인유하여 비추되
부처님의 지혜의 바다는 측량하기 어렵나니
이와 같은 것은 부재 야차왕의 해탈입니다.

지나간 세월 헤아릴 수 없는 시간을 기억하고 생각
하니
부처님이 이 가운데 십력을 닦아서
능히 모든 힘으로 하여금 다 원만케 하셨나니
이것은 역괴고당 야차왕이 요달하여 아는 바입니다.

　다시 선혜 마후라가왕은 일체 신통과 방편으로써

중생으로 하여금 공덕을 모으게 하는 해탈문을 얻었으며, 정위음 마후라가왕은 일체중생으로 하여금 번뇌를 제멸하여 청량한 즐거움을 얻게 하는 해탈문을 얻었으며, 승혜장엄계 마후라가왕은 일체 선과 불선을 생각하는 중생으로 하여금 청정한 법에 들어가게 하는 해탈문을 얻었으며, 묘목주 마후라가왕은 일체 집착하는 바가 없는 복덕이 자재하고 평등한 모습을 요달하는 해탈문을 얻었으며, 등당 마후라가왕은 일체중생에게 열어 보여 하여금 흑암의 두려운 길에서 떠나게 하는 해탈문을 얻었으며, 최승광명당 마후라가왕은 일체 부처님의 공덕을 요달하여 알고 환희를 내게 하는 해탈문을 얻었으며, 사자억 마후라가왕은 용맹한 힘으로 일체중생을 구호하는 주인이 되는 해탈문을 얻었으며, 중묘장엄음 마후라가왕은 일체중생으로 하여금 기억하고 생각함을 따라 끝없는 기쁨과 즐거움을 내게 하는 해탈문을 얻었으며, 수미억 마후라가왕은 일체 반연하는 바에 결정코 움직이지 않아서 저 언덕에 이르러 만족하는 해탈문을 얻었으며, 가애락광명 마후라가왕은 일체 불평등한 중생을 위하여 평등한 도를 개시하는 해탈문을 얻었습니다.

그때 선혜위광 마후라가왕이 부처님의 위신력을 받아 널리 일체 마후라가 대중을 관찰하고 게송을 설하여 말하기를,

그대들은 여래의 본성이 청정함을 관찰하세요.
널리 위광威光을 나타내어 중생을 이익케 하며
감로의 도를 개시하여 하여금 청량케 하시니
수많은 고통이 영원히 제멸되어 의지할 곳이 없을 것입니다.

일체중생이 제유諸有의 바다에 거처함에

모든 악한 업혹이 스스로를 얽어 덮거늘
저들이 행할 바 적정한 법을 보이시니
이것은 이진위음 마후라가왕이 능히 잘 요달하였습
니다.

부처님의 지혜는 같을 사람도 없고 사의할 수도 없
기에
중생의 마음을 알아 다하지 아니함이 없으며
저 중생을 위하여 청정한 법을 열어 밝히시니
이와 같은 것은 승혜장엄계 마후라가왕이 마음에
능히 깨달았습니다.

한량없는 모든 부처님이 세간에 출현하여
널리 중생을 위하여 복전을 지으시되
복전의 바다가 광대하고 깊어 측량할 수 없나니
묘목대 마후라가왕이 능히 다 보았습니다.

일체중생이 근심과 두려움으로 고통스러워하거늘
부처님이 널리 그들 앞에 나타나 구호하시되
법계 허공계에 두루하지 아니함이 없으시니
이것은 이 등당 마후라가왕이 행한 바 경계입니다.

부처님의 한 털구멍에 모든 공덕을
세간이 함께 헤아려도 능히 알지 못하며
끝도 없고 다함도 없는 것이 허공과 같으시니
이와 같은 것은 광대광명당 마후라가왕이 보았습
니다.

여래가 일체법을 통달하여
저 법성을 다 밝게 비추시되
수미산과 같이 기울거나 움직이지 않으시니
이 법문에 들어간 이는 사자억 마후라가왕입니다.

부처님이 지나간 옛날 광대한 세월에
환희의 바다를 모은 것이 깊어서 끝이 없기에
이런 까닭으로 보는 사람이 기뻐하지 아니함이 없
나니
이 법문은 중묘장엄음 마후라가왕이 들어간 바입
니다.

법계가 형상이 없는 줄 요달하여 아시고
바라밀의 바다를 다 원만히 하여
큰 광명으로 모든 중생을 널리 구호하시니
수미산억 마후라가왕이 능히 이 방편을 알았습니다.

그대들은 여래의 자재한 힘을 관찰하세요.
시방에 내려와 나타내시되 고르게 아니함이 없어서
일체중생을 다 비추어 깨닫게 하시니
이것은 묘광명 마후라가왕이 능히 잘 들어갔습니다.

다시 선혜광명천 긴나라왕은 널리 일체 기쁨과 즐거움의 업을 내는 해탈문을 얻었으며, 묘화당 긴나라왕은 능히 더 이상 없는 법의 기쁨을 내어 일체 세간으로 하여금 안락을 받게 하는 해탈문을 얻었으며, 종종장엄 긴나라왕은 일체 공덕이 만족하여 광대하고 청정함을 믿고 아는 창고의 해탈을 얻었으며, 열의후성 긴나라왕은 항상 일체 기쁜 마음의 음성을 내어 듣는 사람으로 하여금 근심과 두려움을 떠나게 하는 해탈문을 얻었으며, 보수광명 긴나라왕은 대비로 일체중생을 안립安立하여 하여금 반연할 바 중생을 깨닫게 하는 해탈문을 얻었으며, 보락견 긴나라왕은 일체 묘한 색신을 시현하는 해탈문을 얻었으며, 최승광장엄 긴나라왕은 일체 수승한 장엄의 과보가 좇아난 바 업을 요달하여 아는 해탈문을 얻었으며, 미묘화당 긴나라왕은 일체 세간에 업으로 생겨난 바 과보를 잘 관찰하는 해탈문을 얻었으며,

동지력 긴나라왕은 부처님이 항상 일체중생을 이익케 하는 일을 일으키는 해탈문을 얻었으며, 위맹주 긴나라왕은 일체 긴나라의 마음을 잘 알아서 방편으로 섭수하여 제어하는 해탈문을 얻었습니다.

그때 선혜광명천 긴나라왕이 부처님의 위신력을 받아 널리 일체 긴나라 대중을 관찰하고 게송을 설하여 말하기를,

세간에 있는 바 안락한 일들은
일체가 다 부처님을 친견함을 인유하여 일어나나니
도사가 모든 중생을 이익케 하려고
널리 구호하여 귀의할 곳을 지으셨습니다.

일체 모든 기쁨과 즐거움을 출생하여
세간으로 다 얻게 하되 끝이 없이 하시며
능히 보는 사람으로 하여금 헛되이 버리지 않게

하시니

이것은 묘화당 긴나라왕이 깨달은 바입니다.

부처님의 공덕의 바다는 끝이 없어서

그 끝을 구할지라도 가히 얻을 수 없으며

그 광명이 널리 시방을 비추시니

이것은 종종장엄 긴나라왕의 해탈입니다.

여래가 큰 음성을 항상 연창하여

근심 떠난 진실한 법을 개시하시거늘

중생이 듣는 사람은 다 기뻐하나니

이와 같은 것은 열의후성 긴나라왕이 능히 믿고 받았

습니다.

내가 여래의 자재한 힘을 관찰하니

다 지난 옛날의 수행한 바를 인유하여

대비로 중생을 구호하여 하여금 청정케 하시나니
이것은 보수광명 긴나라왕이 능히 깨달아 들어갔습
니다.

여래는 가히 친견하거나 이름조차 들음을 얻기 어려
우나
중생이 억 세월 그때 이에 만날 것이며
수많은 상호로 장엄하여 다 구족하시니
이것은 보락견 긴나라왕이 본 바입니다.

그대들은 여래의 큰 지혜를 관찰하세요.
널리 중생들의 마음에 욕망하는 바를 응하여
일체 지혜의 도를 선설하지 아니함이 없으시니
최승광장엄 긴나라왕이 이것을 능히 요달하였습니다.

업의 바다는 광대하고 사의할 수 없어서

중생의 고통과 즐거움이 다 이로 좇아 일어나거늘
이와 같은 일체를 능히 개시하시니
이것은 미묘화상 긴나라왕이 요달하여 안 바입니다.

모든 부처님의 신통은 잠깐도 쉼 없이
시방에 대지를 항상 진동하시지만
일체중생이 능히 알지 못하나니
이것은 광대력 긴나라왕이 항상 분명하게 봅니다.

중회衆會에 거처하여 신통을 나타내시며
큰 광명을 놓아 하여금 깨닫게 하여
일체 여래의 경계를 현시하시니
이것은 위맹주 긴나라왕이 능히 관찰하였습니다.

　다시 대속질력 가루라왕은 집착이 없고 걸림이
없는 눈으로 널리 중생의 세계를 관찰하는 해탈문을

얻었으며, 불가괴보계 가루라왕은 널리 법계에 편안히 머물러 중생을 교화하는 해탈문을 얻었으며, 청정속질 가루라왕은 널리 바라밀의 정진력을 성취하는 해탈문을 얻었으며, 불퇴심장엄 가루라왕은 용맹한 힘으로 여래의 경계에 들어가는 해탈문을 얻었으며, 대해처섭지력 가루라왕은 불행佛行의 광대한 지혜의 바다에 들어가는 해탈문을 얻었으며, 견법정광 가루라왕은 끝없는 중생 때문에 차별한 지혜를 성취하는 해탈문을 얻었으며, 묘엄관계 가루라왕은 불법의 성을 장엄하는 해탈문을 얻었으며, 보첩시현 가루라왕은 가히 무너뜨릴 수 없는 평등한 힘을 성취하는 해탈문을 얻었으며, 보관해 가루라왕은 일체중생의 몸을 요달하여 알고 형상을 나타내는 해탈문을 얻었으며, 용음대목정 가루라왕은 널리 일체중생이 죽었다가 태어나는 행업에 들어가는 지혜의 해탈문을 얻었습니다.

그때 대속질력 가루라왕이 부처님의 위신력을 받아 널리 일체 가루라왕의 대중을 관찰하고 게송을 설하여 말하기를,

부처님의 눈은 광대하여 끝이 없어서
널리 시방의 모든 국토를 보시니
그 가운데 중생이 가히 헤아릴 수 없거늘
큰 신통을 나타내어 다 조복하십니다.

부처님의 신통력은 걸리는 바가 없어서
시방의 깨달음의 나무 아래에 두루 앉아
법을 연설하시되 구름과 같이 다 충만케 하시니
불가괴보계 가루라왕이 듣고 마음에 거역하지 아니하였습니다.

부처님이 지나간 옛날에 모든 행을 닦아

널리 광대한 바라밀을 청정케 하시며
일체 모든 여래에게 공양하셨나니
이것은 청정속질 가루라왕이 깊이 믿어 알았습니다.

여래의 낱낱 털구멍 가운데
한 생각에 널리 끝없는 행을 나타내시니
이와 같은 사의하기 어려운 부처님의 경계를
불퇴심장엄 가루라왕이 다 분명하게 보았습니다.

부처님의 행은 광대하여 사의할 수 없어서
일체중생이 능히 측량할 수 없나니
도사의 그 공덕과 지혜의 바다는
이 대해처집지력 가루라왕이 행한 바 처소입니다.

여래가 한량없는 지혜의 광명으로
능히 중생의 어리석은 번뇌의 그물을 멸제하시며

일체 세간을 다 구호하시니
이것은 견법정광 가루라왕이 가져 설한 바입니다.

불법의 성은 광대하여 가히 다할 수 없으며
그 문도 가지가지 수량이 없거늘
여래가 세간에 거처하여 크게 여시니
이것은 묘엄관계 가루라왕이 능히 분명하게 들어갔
습니다.

일체 모든 부처님의 한 법신은
진여로 평등하여 분별이 없거늘
부처님이 이 힘으로써 항상 편안히 머무시니
보첩시현 가루라왕이 이것을 갖추어 연설하였습
니다.

부처님이 옛날에 제유諸有에서 중생을 섭수할 때

널리 광명을 놓아 세간에 두루하여
가지가지 방편으로 형상을 시현하여 조복하셨으니
이 수승한 법문은 보관해 가루라왕이 깨달았습니다.

부처님은 일체 모든 국토가
다 업의 바다를 의지하여 안주하는 줄 아시고
널리 진리의 비를 그 가운데 내리시니
용음대목정 가루라왕의 해탈이 능히 이와 같았습니다.

다시 라후 아수라왕은 대회大會에 높고 수승한 주인이 됨을 시현하는 해탈문을 얻었으며, 비마질다라 아수라왕은 한량없는 세월에 시현하는 해탈문을 얻었으며, 교환술 아수라왕은 일체중생의 고통을 소멸하여 하여금 청정케 하는 해탈문을 얻었으며, 대권속 아수라왕은 일체 고행을 닦아 스스로 장엄하는 해탈문을 얻었으며, 바치 아수라왕은 시방의 끝 없는 경계를 진동하는 해탈문을 얻었으며, 변조 아수라왕은 가지가지 방편으로 일체중생을 안립하는 해탈문을 얻었으며, 견고행묘장엄 아수라왕은 가히 무너뜨릴 수 없는 선근을 널리 모아서 모든 염착染着을 청정케 하는 해탈문을 얻었으며, 광대인혜 아수라왕은 대비의 힘으로 의혹을 없게 하는 주인의 해탈문을 얻었으며, 현승덕 아수라왕은 널리 하여금 부처님을 친견하고 받들어 섬겨 공양하고 모든 선근을 닦게 하는 해탈문을 얻었으며, 선음 아수라왕은 널리 일체취—切趣에 들어가서 결정코 평등하게 수행하는 해탈문을 얻었습니다.

그때 라후 아수라왕이 부처님의 위신력을 받아 널리 일체 아수라 대중을 관찰하고 게송을 설하여 말하기를,

시방에 있는 바 광대한 대중에
부처님이 그 가운데 최고로 수특하게 계시며
광명은 두루 비쳐 허공과 같아서
널리 일체중생 앞에 나타나셨습니다.

백·천·만 세월에 부처님의 모든 국토를
한 찰나 가운데 다 밝게 나타내시고
광명을 펴 중생을 교화하되 두루하지 아니함이 없으
시니
이와 같은 것은 비마질다라 아수라왕이 깊이 찬탄하
고 환희하였습니다.

여래의 경계는 더불어 같을 이가 없어
가지가지 법문으로 항상 이익케 하시고
중생이 고통이 있으면 다 하여금 멸제케 하시니
점말라 아수라왕이 이것을 능히 보았습니다.

한량없는 세월 가운데 고행을 닦아
중생을 이익케 하고 세간을 청정케 하시려 하기에
이것을 인유하여 부처님이 지혜를 널리 성취하시니
대권속 아수라왕이 이에 부처님을 보았습니다.

걸림도 없고 같을 수도 없는 큰 신통으로
시방에 일체 국토를 두루 진동하시지만
중생으로 하여금 놀라 두려워함이 있지 않게 하시니
대력 아수라왕이 이것을 능히 분명하게 알았습니다.

부처님이 세간에 출현하여 중생을 구원하려고
일체 지혜의 도를 다 개시開示하여
다 하여금 고통을 버리고 안락을 얻게 하시니
이 뜻은 변조 아수라왕이 널리 연 바입니다.

세간에 있는 바 수많은 복덕의 바다를

부처님의 힘으로 능히 내어 널리 하여금 청정케 하
시며
부처님이 능히 해탈의 처소를 개시하시니
견고행묘장엄 아수라왕이 이 법문에 들어갔습니다.

부처님의 대비의 몸은 더불어 같을 이가 없어서
두루 다니시길 걸림없이 하여 다 하여금 보게 하는
것이
비유하자면 그림자 형상이 세간에 나타나는 것과
같이 하시니
광대인혜 아수라왕이 능히 이 공덕을 선설하였습
니다.

희유하여 같을 이 없는 큰 신통으로
곳곳에 몸을 나투어 법계에 충만케 하여
각각 보리수 아래에 앉아 계시니

이 뜻은 현승덕 아수라왕이 능히 선설하였습니다.

여래가 지나간 옛날 삼세에 행을 닦을 때에 제취諸趣에 윤회하여 지나지 아니한 곳이 없었고 중생을 고통에서 해탈케 하여 남김이 없게 하셨으니 이것은 묘음 아수라왕이 칭찬한 바입니다.

다시 시현궁전 주주신은 널리 일체 세간에 들어가는 해탈문을 얻었으며, 발기혜향 주주신은 널리 일체중생을 관찰하여 다 이익케 하고 하여금 환희하여 만족케 하는 해탈문을 얻었으며, 낙승장엄 주주신은 능히 끝없이 가히 좋아하고 즐거워하는 진리의 광명을 놓는 해탈문을 얻었으며, 화향묘광 주주신은 끝없는 중생이 청정하게 믿고 아는 마음을 개발하는 해탈문을 얻었으며, 보집묘약 주주신은 넓은 광명의 힘을 쌓아 모아 장엄하는 해탈문을 얻었으며, 낙작

희목 주주신은 일체 고苦·락樂의 중생을 개오하여 다 하여금 법락을 얻게 하는 해탈문을 얻었으며, 관방보현 주주신은 시방법계에 차별한 몸의 해탈문을 얻었으며, 대비위력 주주신은 일체중생을 구호하여 하여금 안락케 하는 해탈문을 얻었으며, 선근광조 주주신은 널리 기쁨으로 만족케 하는 공덕의 힘을 내는 해탈문을 얻었으며, 묘화영락 주주신은 성칭聲稱이 널리 들리어 중생이 친견하는 사람은 다 이익을 얻게 하는 해탈문을 얻었습니다.

그때 시현궁전 주주신이 부처님의 위신력을 받아 널리 일체 주주신의 대중을 관찰하고 게송을 설하여 말하기를,

부처님의 지혜는 허공과 같아 끝이 없으며
광명은 비치어 시방에 두루하시니
중생의 심행을 다 요달하여 알아

일체 세간에 들어가지 아니함이 없으십니다.

모든 중생이 마음에 좋아하는 바를 알아
응함과 같이 수많은 진리의 바다를 설하시되
구절과 뜻이 광대하여 각각 같지 아니하나니
구족혜 주주신이 능히 다 보았습니다.

부처님이 광명을 놓아 세간을 비추어
보고 듣는 이는 환희케 하여 헛되이 버리지 않고
그들에게 깊고도 넓고 적멸한 처소를 보이시니
이것은 낙승장엄 주주신이 마음에 깨달아 알았습
니다.

부처님이 진리의 비를 끝도 한량도 없이 내려
능히 보는 이로 하여금 환희케 하실 때에
가장 수승한 선근이 이로 좇아 생겨나나니

이와 같은 것은 회향묘광 주주신이 마음에 깨달은
바입니다.

널리 법문에 들어가 깨달은 힘을
오랜 세월토록 닦아 가져 다 청정케 하신 것은
이와 같이 다 중생을 섭수하기 위함이시니
이것은 보집묘약 주주신이 요달한 바입니다.

가지가지 방편으로 중생을 교화하시되
혹 보는 이나 혹 듣는 이가 다 이익을 받아
다 하여금 뛰며 크게 환희케 하시니
낙작묘안 주주신이 이와 같이 보았습니다.

십력을 응당 나타내어 세간에 두루하고
시방법계에 다 남김이 없게 하시지만
자체성은 없지도 않고 또한 있지도 않나니

이것은 관방보현 주주신이 들어간 바입니다.

중생이 험난한 가운데 유전하거늘
여래가 어여삐 여겨 세간에 출현하여
다 하여금 일체 고통을 제멸케 하시니
이 해탈문에는 대비위력 주주신이 머물렀습니다.

중생이 어둠에 덮여 생사의 긴 저녁(밤)에 빠졌기에
부처님이 그들을 위하여 법을 설하여 크게 열어 깨닫
게 하시고
다 하여금 즐거움을 얻어 수많은 고통을 제멸케 하
시니
대선광조 주주신이 이 법문에 들어갔습니다.

여래의 복덕 양은 허공과 같아서
세간의 수많은 복덕이 다 이로 좇아 생겨나고

무릇 짓는 바가 있음에 헛되이 지남이 없게 하시니 이와 같은 해탈은 묘화영락 주주신이 얻었습니다.

다시 보덕정광 주야신은 적정한 선정의 즐거움으로 크게 용건勇健한 해탈문을 얻었으며, 희안관세 주야신은 광대하고 청정하여 가히 사랑하고 좋아할 공덕상의 해탈문을 얻었으며, 호세정기 주야신은 널리 세간에 나타나 중생을 조복하는 해탈문을 얻었으며, 적정해음 주야신은 광대한 환희심을 쌓아 모으는 해탈문을 얻었으며, 보현길상 주야신은 깊고도 깊게 자재하여 마음을 기쁘게 하는 말과 음성의 해탈문을 얻었으며, 보발수화 주야신은 광명이 만족하여 광대하게 환희케 하는 창고의 해탈문을 얻었으며, 평등호육 주야신은 중생을 열어 깨닫게 하여 하여금 선근을 성숙케 하는 해탈문을 얻었으며, 유희쾌락 주야신은 중생을 구호하는 끝없는 자비의 해탈문을 얻었으며, 제근상희 주야신은 널리 장엄신을 나타내는 대비문의 해탈문을 얻었으며, 시현정복 주야신은 널리 일체중생으로 하여금 즐거워하는 바를 만족케 하는 해탈문을 얻었습니다.

그때 보덕정광 주야신이 부처님의 위신력을 받아 두루 일체 주야신의 대중을 관찰하고 게송을 설하여 말하기를,

그대 등은 응당히 부처님이 행하신 바를 관찰하세요.
광대하고 적정한 허공의 모습이시며
욕망의 바다 그 끝없는 것을 다 다스려 청정케 하셔
때를 떠난 단엄한 모습으로 시방을 비추십니다.

일체 세간이 다 즐겁게 친견하려 하지만
한량없는 세월의 바다 시절에 한 번 만나며
대비로 중생을 생각하기를 두루하지 아니함이 없으

시니
이 해탈문은 희안관세 주야신이 보았습니다.

도사가 모든 세간을 구호하시지만
중생들은 다 그들 앞에만 있음을 보며,
능히 제취諸趣 중생들로 하여금 다 청정케 하시니
이와 같은 것은 호세정기 주야신이 능히 관찰하였습
니다.

부처님이 옛날에 닦아 다스린 환희의 바다는
광대하여 끝이 없고 가히 측량할 수 없기에
이런 까닭으로 보는 사람이 다 기뻐하나니
이것은 적정해음이 요달한 바입니다.

여래의 경계는 가히 헤아릴 수 없어서
적정에 즉하여 능히 연설하시길 시방에 두루하게

하여
널리 중생으로 하여금 마음을 청정케 하시니
시리 주야신이 듣고 뛰면서 기뻐하였습니다.

부처님이 복이 없는 중생 가운데
큰 복덕으로 장엄하시고 매우 위세롭게 하여
저들에게 번뇌를 떠난 적멸한 법을 보이시니
보발수화 주야신이 이 도를 깨달았습니다.

시방에 널리 큰 신통을 나타내어
일체중생을 다 조복하시며
가지가지 색상을 다 하여금 보게 하시니
이것은 평등호육 주야신이 관찰한 바입니다.

여래가 지나간 옛날 생각 생각 가운데
다 청정케 한 방편과 자비의 바다로

세간을 구호하시길 두루하지 아니함이 없으셨으니
이것은 유희복락 주야신의 해탈입니다.

중생이 어리석어 항상 산란하고 혼탁하며
그 마음은 굳고 표독하여 심히 두렵기에
여래가 자비로 어여삐 여겨 출흥하시니
이것은 멸원 주야신이 능히 깨달아 기뻐한 것입니다.

부처님이 옛날에 수행하여 중생을 위하여
일체 서원과 욕망을 다 하여금 만족케 하시고
이로 인유하여 공덕의 모습을 갖추어 성취하셨으니
이것은 시현정복 주야신이 본 바입니다.

다시 변주일체 주방신은 널리 구호하는 힘의 해탈
문을 얻었으며, 보현광명 주방신은 일체중생을 교화
하는 신통의 업을 이루어 갖추는 해탈문을 얻었으

며, 광행장엄 주방신은 일체 어둠의 장애를 깨뜨려 기뻐하고 즐거워하는 큰 광명을 내게 하는 해탈문을 얻었으며, 주행불애 주방신은 널리 일체 처소에 나타나지만 헛되이 수고하지 않는 해탈문을 얻었으며, 영단미혹 주방신은 일체중생의 수와 같이 명호를 시현하여 공덕을 발생하는 해탈문을 얻었으며, 변유정공 주방신은 항상 묘한 음성을 일으켜 듣는 사람으로 하여금 다 환희케 하는 해탈문을 얻었으며, 운당대음 주방신은 용과 같이 널리 비를 내려 중생으로 하여금 환희케 하는 해탈문을 얻었으며, 계목무란 주방신은 일체중생의 업이 차별이 없음을 시현하는 자재한 힘의 해탈문을 얻었으며, 보관세업 주방신은 일체 제취諸趣의 중생 가운데 가지가지 업을 관찰하는 해탈문을 얻었으며, 주변유람 주방신은 하는 바일을 다 구경까지 하여 일체중생에게 환희를 내게 하는 해탈문을 얻었습니다.

그때 변주일체 주방신이 부처님의 위신력을 받아
널리 일체 주방신의 대중을 관찰하고 게송을 설하여
말하기를,

여래는 자재하여 세간을 벗어나
일체 모든 중생을 교화하되
널리 법문을 보여 하여금 깨달아 들어가게 하시고
다 하여금 마땅히 더 이상 없는 지혜를 이루게 하셨습
니다.

신통은 한량이 없어 중생과 같아서
그들이 좋아하는 바를 따라 모든 모습을 보여
보는 사람으로 다 고통에서 벗어남을 입게 하시니
이것은 보현광명 주방신의 해탈력입니다.

부처님이 어둠으로 가려 있는 중생의 바다에

진리의 횃불 큰 광명을 나타내어
그 광명으로 널리 비추어 보지 않는 이가 없게 하시니
이것은 광행장엄 주방신의 해탈입니다.

세간에 가지가지 음성을 구족하여
널리 법륜을 전하여 알지 못함이 없게 하여
중생이 듣는 이로 번뇌를 소멸케 하시니
이것은 변주불애 주방신이 깨달은 바입니다.

일체 세간에 있는 바 중생의 이름에
부처님의 이름을 저 이름과 똑같이 출생하여
다 중생으로 하여금 어리석음의 미혹을 떠나게 하
시니
이것은 영단미혹 주방신이 행한 바 처소입니다.

만약 어떤 중생이라도 부처님 앞에 이르러

여래의 미묘한 음성을 듣게 되면
마음에 큰 환희를 내지 아니함이 없게 하시니
변유허공 주방신이 이 법을 깨달았습니다.

부처님이 낱낱 찰나 가운데
널리 끝없는 큰 진리의 비를 내려
다 중생으로 하여금 번뇌를 소멸케 하시니
이것은 운당대음 주방신이 요달하여 안 바입니다.

일체 세간에 모든 업의 바다를
부처님이 다 열어 보이되 똑같게 다름이 없이 하여
널리 중생으로 하여금 업혹을 제멸케 하시니
이것은 계목무란 주방신이 요달하여 안 바입니다.

일체 지혜의 지위는 끝이 없어서
일체중생의 가지가지 마음을

여래가 비추어 보아 다 분명하게 아시니
이 광대한 문에는 보관세업 주방신이 들어갔습니다.

부처님이 지나간 옛날 모든 행을 닦아서
한량없는 모든 바라밀(諸度)을 다 원만히 하였으며
큰 자비와 어여삐 여김으로 중생을 이익케 하였으니
이것은 주변유람 주방신의 해탈입니다.

　다시 정광보조 주공신은 널리 제취諸趣에 일체중
생의 마음을 아는 해탈문을 얻었으며, 보유심광 주
공신은 널리 법계에 들어가는 해탈문을 얻었으며,
생길상풍 주공신은 끝없는 경계의 신상身相을 요달
하는 해탈문을 얻었으며, 이장안주 주공신은 능히
일체중생의 업혹에 장애를 제멸하는 해탈문을 얻었
으며, 광보묘계 주공신은 널리 광대한 행의 바다를
관찰하고 사유하는 해탈문을 얻었으며, 무애광염

주공신은 대비의 광명으로 널리 일체중생의 액난을 구호하는 해탈문을 얻었으며, 무애승력 주공신은 널리 일체에 들어가지만 집착하는 바가 없는 복덕력의 해탈문을 얻었으며, 이구광명 주공신은 능히 일체중생으로 하여금 마음에 모든 번뇌를 떠나 청정케 하는 해탈문을 얻었으며, 심원묘음 주공신은 널리 시방에 지혜의 광명을 보는 해탈문을 얻었으며, 광변시방 주공신은 본래의 처소를 움직이지 않고 널리 세간에 나타나는 해탈문을 얻었습니다.

그때 정광보조 주공신이 부처님의 위신력을 받아 널리 일체 주공신의 대중을 관찰하고 게송을 설하여 말하기를,

여래의 광대한 눈은
청정하기가 허공과 같아서
널리 모든 중생을 보시되

일체를 다 분명하게 아십니다.

부처님의 몸에 큰 광명은
두루 시방을 비추어
곳곳마다 앞에 나타나 머무시나니
보유심광 주공신이 이 도를 보았습니다.

부처님의 몸은 허공과 같아서
난 적도 없고 취염取染한 바도 없으며
얻은 적도 없고 자성도 없나니
생길상풍 주공신이 본 바입니다.

여래가 한량없는 세월에
널리 모든 성스러운 도를 설하시며
널리 중생들의 장애를 제멸하시니
이장원광 주공신이 이 법문을 깨달았습니다.

내 보니 부처님이 지나간 옛날에

모은 바 보리菩提의 행은

모두 다 세간을 안락케 하기 위함이시니

광보묘계 주공신이 이 경계를 행하였습니다.

일체중생의 세계가

생사의 바다에 유전하거늘

부처님이 고통을 제멸하는 광명을 놓으시니

무애광염 주공신이 능히 보았습니다.

청정한 공덕의 창고가

능히 세간의 복 밭이 되어

세간을 따라 지혜로써 열어 깨닫게 하시니

무애승력 주공신이 여기에서 깨달았습니다.

중생이 어리석음에 덮인 바로

154

험난한 길에 유전하거늘

부처님이 그들을 위하여 광명을 놓으시니

이구광명 주공신이 능히 증득하였습니다.

지혜의 광명이 끝이 없어

다 모든 국토에 나타나

그 광명으로 세간을 비추시니

심원묘음 주공신이 여기에서 부처님을 보았습니다.

부처님이 중생을 제도하기 위하여

수행을 시방에서 두루하시니

이와 같은 큰 서원의 마음을

보현시방 주공신이 능히 관찰하였습니다.

　　다시 무애광명 주풍신은 널리 불법과 그리고 일체
세간에 들어가는 해탈문을 얻었으며, 보현용업 주풍

신은 한량없는 국토의 부처님이 출현하심에 다 광대
하게 공양하는 해탈문을 얻었으며, 표격운당 주풍신
은 향기로운 바람으로써 널리 일체중생의 병을 제멸
케 하는 해탈문을 얻었으며, 정광장엄 주풍신은 널
리 일체중생에게 선근을 내게 하여 하여금 무거운
장애의 산을 꺾어 없애게 하는 해탈문을 얻었으며,
역능갈수 주풍신은 능히 끝없는 악마의 대중을 깨뜨
리는 해탈문을 얻었으며, 대성변후 주풍신은 영원히
일체중생의 두려움을 제멸케 하는 해탈문을 얻었으
며, 수초수계 주풍신은 일체 모든 법의 실상에 들어
가는 변재 바다의 해탈문을 얻었으며, 보행무애 주
풍신은 일체중생을 조복하는 방편 창고의 해탈문을
얻었으며, 종종궁전 주풍신은 적정한 선정의 문에
들어가서 지극히 무거운 어리석음의 어둠을 멸제케
하는 해탈문을 얻었으며, 대광보조 주풍신은 일체중
생을 수순하는 행에 걸림이 없는 힘의 해탈문을

얻었습니다.

　그때 무애광명 주풍신이 부처님의 위신력을 받아
널리 일체 주풍신의 대중을 관찰하고 게송을 설하여
말하기를,

일체 모든 부처님의 법은 깊고도 깊거늘
걸림 없는 방편으로 널리 능히 들어가서
있는 바 세간에 항상 출현하시지만
모습도 없고 형상도 없고 그림자도 없습니다.

그대들은 보세요. 여래가 지나간 옛날에
한 생각에 끝없는 부처님께 공양하시고
이와 같이 용맹스레 보리를 수행하셨으니
이것은 보현용업 주풍신이 능히 깨달아 알았습니다.

여래가 세간을 구제하심은 사의할 수 없기에

있는 바 방편으로 헛되이 지나지 않고
다 중생으로 하여금 모든 고통을 떠나게 하시니
이것은 표격운당 주풍신의 해탈입니다.

중생이 복이 없어 수많은 고통을 받고
무거운 번뇌와 조밀한 장애에 항상 미하여 덮여 있
거늘
그들 일체를 다 하여금 해탈을 얻게 하시니
이것은 정광장엄 주풍신이 요달하여 안 바입니다.

여래가 광대한 신통력으로
능히 일체 마군중을 죽이시는 것은
있는 바 조복하는 모든 방편의 힘이니
용건위력 주풍신이 능히 관찰하였습니다.

부처님이 털구멍에 묘한 음성을 연설하시되

그 음성이 널리 세간에 두루하게 하여
일체중생의 고통과 두려움을 다 하여금 쉬게 하시니
이것은 대성변후 주풍신이 요달한 바입니다.

부처님이 일체 수많은 국토 바다에서
사의할 수 없는 세월토록 항상 연설하시니
이 여래지의 묘한 변재는
수초수계 주풍신이 능히 깨달아 알았습니다.

부처님이 일체 방편문에
지혜로 그 가운데 들어가 다 걸림이 없으사
경계가 끝이 없고 더불어 같을 이 없으시니
이것은 보행무애 주풍신의 해탈입니다.

여래의 경계는 끝이 없어서
곳곳에 방편으로 다 하여금 보게 하시지만

그러나 그 몸은 적정하여 모든 모습이 없으시니
종종궁전 주풍신의 해탈문입니다.

여래가 수많은 세월의 바다에서 모든 행을 닦아
일체 모든 힘을 다 이루어 만족하시고
능히 세간의 법을 따라 중생을 응대하시니
이것은 대광보조 주풍신의 본 바입니다.

세주묘엄품 ④

다시 보광염장 주화신은 일체 세간의 어두움을 다 제멸케 하는 해탈문을 얻었으며, 보집광당 주화신은 일체중생의 모든 미혹으로 표류하고 열뇌하는 고통을 쉬게 하는 해탈문을 얻었으며, 대광변조 주화신은 동요하지 않는 복덕의 힘과 대비 창고의 해탈문을 얻었으며, 중묘궁전 주화신은 여래가 신통력으로 시현하시기를 끝없는 곳까지 하심을 관찰하는 해탈문을 얻었으며, 무진광계 주화신은 광명이 끝없는 허공계를 비추는 해탈문을 얻었으며, 종종염안 주화신은 가지가지 복덕으로 장엄한 적정한 광명의 해탈문을 얻었으며, 시방궁전여수미산 주화신은 능히 일체 세간에 제취諸趣들의 치연한 고통을 멸제하는 해탈문을 얻었으며, 위광자재 주화신은 자재로 일체 세간을 열어 깨닫게 하는 해탈문을 얻었으며, 광조 시방 주화신은 일체 어리석음과 집착하는 소견을 영원히 깨뜨리는 해탈문을 얻었으며, 뇌음전광 주화 신은 일체 원력을 성취하여 크게 사자후를 진동하는 해탈문을 얻었습니다.

그때 보광염장 주화신이 부처님의 위신력을 받아 널리 일체 주화신의 대중을 관찰하고 게송을 설하여 말하기를,

그대들은 여래의 정진력을 관찰하세요.
광대한 억 세월 사의할 수 없는 겁에
중생을 이익케 하기 위하여 세간에 출현하여
있는 바 어둠의 장애를 다 하여금 멸제케 하셨습니다.

중생이 어리석어 모든 소견을 일으켜

번뇌가 마치 물이 표류하고 그리고 불이 타는 것과
같거늘
도사가 방편으로 다 멸제케 하시니
보집광당 주화신이 이것을 깨달았습니다.

복덕이 허공과 같아 끝이 없어서
그 끝을 구하여도 가히 얻을 수 없는 것은
이것은 부처님의 큰 자비의 동요함이 없는 힘이시니
대광변조 주화신이 깨달아 들어가 마음에 환희를
내었습니다.

내가 여래의 행한 바를 보니
한 세월의 바다를 지나도록 끝없는 곳에까지
이와 같이 신통력을 시현하시니
중묘궁전 주화신이 요달하여 안 바입니다.

억 세월에 닦아 성취한 것 사의할 수 없어서
그 끝을 구하여도 능히 알 수 없거늘
법의 실상을 연설하여 하여금 환희케 하시니
무진광계 주화신이 관찰하여 본 바입니다.

시방에 있는 바 광대한 대중이
일체가 앞에 나타나 부처님을 우러러보거늘
적정한 광명으로 세간을 비추시니
이것은 종종묘염 주화신이 능히 요달한 바입니다.

석가모니가 모든 세간에 출현하여
일체 궁전 가운데 앉아서
널리 끝없는 광대한 법을 비 내리시니
이것은 시방궁전여수미산 주화신의 경계입니다.

모든 부처님의 지혜는 가장 깊고도 깊어

저 법에 자재하고 세간에 출현하여
능히 다 진실한 이치를 열어 밝히시니
위광자재 주화신이 이것을 깨닫고 마음에 기뻐 경사
하였습니다.

모든 소견과 어리석음으로 어둠의 덮개가 되어
중생이 미혹하여 항상 유전하거늘
부처님이 그들을 위하여 묘한 법문을 열어 주시니
광조시방 주화신이 능히 깨달아 들어갔습니다.

서원의 문이 광대하여 사의할 수 없어서
십력과 십바라밀로 닦아 다스려 이미 청정하게 하였
지만
옛날에 서원한 마음과 같이 다 출현하시니
이것은 진음전광 주화신이 요달한 바입니다.

다시 보흥운당 주수신은 일체중생을 평등하게 이익케 하는 자비의 해탈문을 얻었으며, 해조운음 주수신은 끝없는 법으로 장엄한 해탈문을 얻었으며, 묘색륜계 주수신은 응당 교화할 바를 관찰하여 방편으로 널리 섭수하는 해탈문을 얻었으며, 선교선복 주수신은 널리 모든 부처님의 깊고도 깊은 경계를 연설하는 해탈문을 얻었으며, 이구향적 주수신은 널리 청정한 큰 광명을 나타내는 해탈문을 얻었으며, 복교광음 주수신은 청정한 법계에 모습도 없고 자성도 없는 해탈문을 얻었으며, 지족자재 주수신은 끝없는 대비의 바다 해탈문을 얻었으며, 정희선음 주수신은 보살의 대중이 모인 도량 가운데 큰 환희의 창고가 되는 해탈문을 얻었으며, 보현위광 주수신은 걸림 없는 광대한 복덕의 힘으로써 널리 출현하는 해탈문을 얻었으며, 후성변해 주수신은 일체중생을 관찰하여 허공과 같이 조복하는 방편을 일으키는 해탈문을 얻었습니다.

　그때 보흥운당 주수신이 부처님의 위신력을 받아
널리 일체 주수신의 대중을 관찰하고 게송을 설하여
말하기를,

청정한 자비의 문이 국토의 작은 티끌 수만치 많지만
모두 여래의 한 묘상妙相에서 나왔으며
낱낱 모든 상相도 그렇지 아니함이 없나니
이런 까닭으로 보는 사람이 싫어하거나 만족함이
없습니다.

세존이 지나간 옛날 수행하실 때에
널리 일체 여래의 처소에 나아가
가지가지 방편으로 닦아 다스리되 게으름이 없이
하셨으니
이와 같은 방편은 해조운음 주수신이 들어갔습니다.

부처님이 일체 시방 가운데
적연히 움직이지 않아 오고 감이 없으시지만
응당 중생을 교화하여 다 하여금 보게 하시니
이것은 묘색계륜 주수신이 아는 바입니다.

여래의 경계는 끝도 한량도 없어서
일체중생이 능히 알 수가 없거늘
묘한 음성으로 연설하여 시방에 두루하게 하시니
이것은 선교선복 주수신이 행한 바 처소입니다.

세존의 광명은 끝이 없어
법계에 충변充遍하길 사의할 수 없이 하여
법을 설하여 중생을 교화하여 제도하시니
이것은 정향적 주수신이 관찰하여 본 바입니다.

여래는 청정하기가 허공과 같아서

형상도 없고 형체도 없지만 시방에 두루하여
모인 대중으로 하여금 보지 아니함이 없게 하시니
이것은 복교광음 주수신이 잘 관찰하였습니다.

부처님이 옛날에 대비문을 닦아 익히시되
그 마음 넓고 두루하게 하시기를 중생 수와 같이
하시기에
이런 까닭으로 구름같이 세간에 나타나시니
이 해탈문은 지족자재 주수신이 아는 바입니다.

시방에 있는 바 모든 국토에
다 여래가 자리에 앉아서
밝게 큰 보리를 열어 깨달으심을 보나니
이와 같은 것은 정희선음 주수신이 들어간 바입니다.

여래의 행하는 바는 걸림이 없어서

시방의 일체 국토에 두루 가서
곳곳에 대신통을 시현하시니
보현위광 주수신이 이미 능히 깨달았습니다.

끝없는 방편의 행을 닦아 익혀
중생의 세계와 같이 다 충만케 하시되
신통묘용이 잠시도 머물지 않으시니
후성변해 주수신이 이에 능히 들어갔습니다.

　　다시 출현보광 주해신은 평등한 마음으로써 일체
중생에게 복덕의 바다를 보시하고 수많은 보배로
몸을 장엄하는 해탈문을 얻었으며, 불가괴금강당
주해신은 선교방편으로 일체중생의 선근을 수호하
는 해탈문을 얻었으며, 부잡진구 주해신은 능히 일
체중생의 번뇌의 바다를 녹여 다하는 해탈문을 얻었
으며, 항주파랑 주해신은 일체중생으로 하여금 악도

에서 떠나게 하는 해탈문을 얻었으며, 길상보월 주해신은 널리 큰 어리석음의 어둠을 멸제하는 해탈문을 얻었으며, 묘화용계 주해신은 일체 제취諸趣들의 고통을 멸제하고 안락을 주는 해탈문을 얻었으며, 보지광미 주해신은 일체중생의 모든 소견과 어리석음의 성품을 맑게 다스리는 해탈문을 얻었으며, 보염화광 주해신은 일체 보배의 종성인 보리의 마음을 출생하는 해탈문을 얻었으며, 금강묘계 주해신은 움직이지 않는 마음에 공덕 바다의 해탈문을 얻었으며, 해조뇌음 주해신은 널리 법계의 삼매문에 들어가는 해탈문을 얻었습니다.

그때 출현보광 주해신이 부처님의 위신력을 받아 널리 일체 주해신의 대중을 관찰하고 게송을 설하여 말하기를,

가히 사의할 수 없는 큰 세월의 바다에서

일체 모든 여래에게 공양하시고
널리 그 공덕으로써 중생에게 보시하셨기에
이런 까닭으로 단엄함이 최고로 비교할 데가 없습
니다.

일체 세간에 다 출현하여
중생의 근성과 욕망을 알지 못함이 없어서
널리 그들을 위하여 큰 법의 바다를 넓게 선설하셨
으니
이것은 불가괴견당 주해신이 기쁜 마음으로 깨달은
바입니다.

일체 세간에 수많은 도사의
진리 구름 큰비는 가히 측량할 수 없어서
끝없는 모든 고통의 바다를 녹여 다하시니
이것은 이구진 주해신이 이 법문에 들어갔습니다.

172

일체중생이 번뇌에 덮여

제취諸趣에 유전하여 수많은 고통을 받거늘

그들을 위하여 여래의 경계를 열어 보이시니

보수궁 주해신이 이 법문에 들어갔습니다.

부처님이 사의하기 어려운 세월의 바다 가운데

모든 행을 닦되 끝이 없이 하여

영원히 중생의 의혹의 그물을 끊으셨나니,

길상보월 주해신이 이 법문에 능히 밝게 들어갔습
니다.

부처님이 중생이 항상 두려워하여

생사의 큰 바다 가운데 유전함을 보시고

저들에게 여래의 더 이상 없는 도를 보이시니

묘화용계 주해신이 깨달아 알고 기뻐하는 마음을
내었습니다.

모든 부처님의 경계는 사의할 수 없어서

법계 허공으로 평등한 모습이기에

능히 중생의 어리석음과 망혹의 그물을 청정케 하

시니

이와 같은 것은 보지광미 주해신이 능히 선설하였습

니다.

부처님의 눈은 청정하기 사의할 수 없어서

일체 경계를 다 갖추어 보아

널리 중생에게 모든 묘한 도를 보이시니

이것은 이 보염화광 주해신이 마음에 깨달은 바입

니다.

마군이 광대하여 그 수가 한이 없지만

한 찰나 가운데 다 꺾어 제멸하여

마음에 경동함이 없음을 측량하기 어렵나니

금강묘계 주해신의 방편입니다.

널리 시방에 묘음을 연설하시니
그 묘음이 법계에 두루하지 아니함이 없는 것은
이것은 이 여래의 삼매 경계이니
해조뇌음 주해신이 행한 바 처소입니다.

다시 보발신류 주하신은 널리 끝없는 진리의 비를 내리는 해탈문을 얻었으며, 보결천간 주하신은 널리 일체중생 앞에 나타나서 하여금 번뇌를 영원히 떠나게 하는 해탈문을 얻었으며, 이진정안 주하신은 대비의 방편으로써 일체중생의 모든 미혹의 번뇌 때를 널리 씻어 주는 해탈문을 얻었으며, 시방변후 주하신은 항상 중생을 요익케 하는 음성을 내는 해탈문을 얻었으며, 보구호중생 주하신은 일체중생 가운데 항상 뇌롭고 해로움이 없게 하는 자비를 일으키는 해탈문을 얻었으며, 무열정광 주하신은 널리 일체 청량한 선근을 시현하는 해탈문을 얻었으며, 보생환희 주하신은 구족한 보시를 수행하여 일체중생으로 하여금 영원히 간탐과 집착을 떠나게 하는 해탈문을 얻었으며, 광덕승당 주하신은 일체 환희의 복전을 짓는 해탈문을 얻었으며, 광조보세 주하신은 능히 일체중생으로 하여금 뒤섞이어 오염된 사람은 청정케 하고 진심瞋心으로 표독한 사람은 환희케 하는 해탈문을 얻었으며, 해덕광명 주하신은 능히 일체중생으로 하여금 해탈의 바다에 들어가서 항상 구족한 즐거움을 받게 하는 해탈문을 얻었습니다.

그때 보발신류 주하신이 부처님의 위신력을 받아 널리 일체 주하신의 대중을 관찰하고 게송을 설하여 말하기를,

여래가 지나간 옛날에 중생을 위하여

176

진리의 바다에 끝없는 행을 닦아 다스린 것은
비유하자면 비가 쏟아져 더움에서 청량케 함과 같
아서
널리 중생의 번뇌의 더움을 제멸케 하기 위한 것입
니다.

부처님이 옛날 선설하기 어려운 한량없는 세월에
서원의 광명으로써 세간을 청정케 하시고
모든 근기가 성숙한 사람으로 하여금 도를 깨닫게
하시니
이것은 보결천간 주하신이 마음에 깨달은 바입니다.

대비의 방편이 중생과 같아서
다 그들 앞에 나타나 항상 교화하고 달래어
널리 하여금 번뇌의 때를 맑게 다스리시니
이진정안 주하신이 이것을 보고 깊이 기뻐하였습

니다.

부처님이 묘음으로 연설하여 널리 하여금 듣게 하여
중생이 좋아하고 즐거워하여 마음을 환희케 하시며
다 하여금 한량없는 고통을 씻어 제멸케 하시니
이것은 시방변후 주하신의 해탈입니다.

부처님이 옛날에 보리의 행을 닦아 익히고
중생을 이익케 하기를 한량없는 세월토록 하였기에
이런 까닭으로 광명이 세간에 두루하시니
보구호중생 주하신이 기억하고 생각하여 환희를 내
었습니다.

부처님이 옛날에 중생을 위하여 수행하여
가지가지 방편으로 하여금 성숙케 하시며
널리 청정한 복덕의 바다로 중생의 고통을 제멸하

시니

무열정광 주하신이 이것을 보고 마음에 기뻐하고
경사하였습니다.

보시의 문이 광대하여 끝이 없기에
일체중생을 다 이익케 하되
능히 보는 사람으로 하여금 아끼거나 집착함이 없게
하시니
이것은 보생환희 주하신이 깨달은 바입니다.

부처님이 옛날에 진실한 방편을 수행하여
끝없는 공덕의 바다를 성취하시고
능히 보는 사람으로 하여금 기쁘지 아니함이 없게
하시니
이것은 광덕승당 주하신이 마음에 깨달아 기뻐하였
습니다.

중생이 때가 있음에 다 청정하게 다스리고
일체 원수가 해침에 똑같이 자비를 내기에
그런 까닭으로 광명의 비침이 허공에 가득함을 얻으
시니
광조보세 주하신이 이것을 보고 환희하였습니다.

부처님은 이 복전의 공덕 바다이기에
능히 일체로 하여금 모든 악을 버리게 하시고
내지 대보리를 성취케 하시니
이것은 해덕광명 주하신의 해탈입니다.

다시 유연승미 주가신은 일체중생에게 진리의
자미滋味를 주어서 하여금 부처님의 몸을 성취케
하는 해탈문을 얻었으며, 시화정광 주가신은 능히
일체중생으로 하여금 광대한 기쁨과 즐거움을 받게
하는 해탈문을 얻었으며, 색력용건 주가신은 일체

원만한 법문으로써 모든 경계를 청정케 하는 해탈문을 얻었으며, 증익정기 주가신은 부처님의 대비와 한량없는 신통변화의 힘을 보는 해탈문을 얻었으며, 보생근과 주가신은 널리 부처님의 복전을 나타내어 하여금 종자를 내리면 손실이 나거나 괴멸함이 없게 하는 해탈문을 얻었으며, 묘엄환계 주가신은 널리 중생에게 청정한 믿음의 꽃을 발생하게 하는 해탈문을 얻었으며, 윤택정화 주가신은 큰 자비의 어여삐 여기는 마음으로 모든 중생을 제도하여 하여금 복덕의 바다를 증장케 하는 해탈문을 얻었으며, 성취묘향 주가신은 널리 일체 수행할 법을 개시하는 해탈문을 얻었으며, 견자애락 주가신은 능히 법계 일체중생으로 하여금 게으르고 근심하고 뇌로워하는 등을 버려 떠나게 하여 모든 악을 널리 청정케 하는 해탈문을 얻었으며, 이구광명 주가신은 일체중생의 선근을 관찰하고 응함을 따라 법을 설하여 모인 대중으로 하여금 환희하고 만족케 하는 해탈문을 얻었습니다.

　그때 유연승미 주가신이 부처님의 위신력을 받아
널리 일체 주가신의 대중을 관찰하고 게송을 설하여
말하기를,

여래가 더 이상 없는 공덕의 바다로
널리 밝은 등불을 나타내어 세간을 비추어
일체중생을 다 구호하시고
다 안락을 주어 버리는 사람이 없었습니다.

세존의 공덕은 끝이 없어서
중생의 듣는 이를 헛되이 버리지 않으시고
다 하여금 고통을 떠나 항상 환희케 하시니
이것은 이 시화정광 주가신이 들어간 바입니다.

선서의 모든 힘은 다 원만하시며

공덕으로 장엄하여 세간에 출현하여
일체중생을 다 조복하시니
이 법문은 용건색력이 능히 분명하게 증득하였습니다.

부처님이 옛날에 대비의 바다를 닦아 다스리시되
그 마음이 생각 생각에 세간과 같았기에
이런 까닭으로 신통이 끝이 없으시니
증익정기 주가신이 능히 관찰하여 보았습니다.

부처님이 세간에 두루하여 항상 앞에 나타나시되
일체 방편으로 헛되이 지나지 않으시고
중생의 모든 미혹의 뇌로움을 다 청정케 하시니
이것은 보생근과 주가신의 해탈입니다.

부처님은 이 세간에 큰 지혜의 바다이기에
청정한 광명을 놓아 두루하지 아니함이 없게 하시고

광대한 믿음과 지혜가 다 이로 좇아 생기게 하시니
이와 같은 것은 묘엄환계 주가신이 능히 분명하게
들어갔습니다.

여래가 세간을 관찰하시고 자비심을 일으켜
중생을 이익케 하기 위하여 출현하여
저들에게 편안하고 기쁘게 하는 최승의 도를 보이
시니
이것은 윤택정화 주가신의 해탈입니다.

선서가 닦으신 바 청정한 행을
보리수 아래에서 갖추어 선설하시고
이와 같이 교화하여 시방에 충만케 하시니
이것은 성취묘향 주가신이 능히 듣고 받았습니다.

부처님이 일체 모든 세간에

다 하여금 근심을 떠나 큰 기쁨을 내게 하시고
있는 바 근욕을 다 다스려 청정케 하시니
가애락 주가신이 여기에 깨달아 들어갔습니다.

여래가 세간에 출현하여
널리 중생의 마음에 좋아하는 바를 관찰하시고
가지가지 방편으로 성숙케 하시니
이것은 정광명 주가신의 해탈문입니다.

　다시 길상 주약신은 널리 일체중생의 마음을 관찰
하여 부지런히 섭수하여 취하는 해탈문을 얻었으며,
전단림 주약신은 광명으로써 중생을 섭수하여 보는
사람으로 하여금 헛되이 지나지 않게 하는 해탈문을
얻었으며, 이진광명 주약신은 능히 청정한 방편으로
써 일체중생의 번뇌를 멸제케 하는 해탈문을 얻었으
며, 명칭보문 주약신은 능히 큰 명성으로써 끝없는

선근의 바다를 증장케 하는 해탈문을 얻었으며, 모
공현광 주약신은 대비의 당기로 속히 일체 병의
경계에 다다르는 해탈문을 얻었으며, 파암청정 주약
신은 일체 눈이 어두운 중생을 치료하여 지혜의
눈으로 하여금 청정케 하는 해탈문을 얻었으며, 보
발후성 주약신은 능히 부처님의 음성을 연설하여
모든 법의 차별한 뜻을 설하는 해탈문을 얻었으며,
폐일광당 주약신은 능히 일체중생의 선지식을 지어
보는 사람으로 하여금 다 선근을 내게 하는 해탈문을
얻었으며, 명견시방 주약신은 청정한 대자대비의
창고에 능히 방편으로써 하여금 믿음과 지해를 내게
하는 해탈문을 얻었으며, 보발위광 주약신은 방편으
로 하여금 염불하여 일체중생의 병을 멸제케 하는
해탈문을 얻었습니다.

그때 길상 주약신이 부처님의 위신력을 받아 널리
일체 주약신의 대중을 관찰하고 게송을 설하여 말하

기를,

여래의 지혜는 사의할 수가 없어
일체중생의 마음을 다 아시고
능히 가지가지 방편의 힘으로써
저 중생들의 한량없는 고통을 멸제케 하셨습니다.

대웅의 좋은 방편은 측량하기 어렵기에
무릇 소작所作이 있는 이에게는 헛되이 지남이 없어
반드시 그 중생으로 하여금 모든 고통을 멸제하시니
전단림 주약신이 능히 이 법문을 깨달았습니다.

그대들은 모든 불법이 이와 같음을 관찰하세요.
지나간 옛날에 다 한량없는 세월토록 부지런히 수행
을 하셨으나
그러나 제유諸有에 집착하는 바가 없으시니

이것은 이진광명 주약신이 들어간 바 법문입니다.

부처님은 백천 세월에도 가히 만나기 어렵거늘

만약 어떤 사람이라도 보거나 그리고 명성을 듣기만

하면

반드시 하여금 이익을 얻어 헛되이 지남이 없게 하

시니

이것은 보문명칭 주약신이 요달한 바입니다.

여래가 낱낱 털구멍 가운데

다 광명을 놓아 수많은 근심을 멸제하시며

세간의 번뇌를 다 하여금 다 하게 하시니

이것은 모공현광 주약신이 들어간 바 법문입니다.

일체중생이 어리석음으로 눈먼 바가 되어

혹惑·업業과 수많은 고통이 한량없이 차별하거늘

부처님이 다 덜어 제거하고 지혜를 열어 비추시니
이와 같은 것은 파암청정 주약신이 능히 관찰하여
보았습니다.

여래의 한 음성은 한량이 없어
능히 일체 법문의 바다를 개연開演하시며
중생이 듣는 사람으로 다 요달하여 알게 하시니
이것은 보발대음 주약신의 해탈입니다.

그대들은 부처님의 지혜 그 사의하기 어려움을 관찰
하세요.
널리 제취諸趣에 나타나 중생을 구호하여
능히 보는 사람으로 하여금 좇아가 교화하시나니
이것은 폐일광당 주약신이 깊이 깨달아 알았습니다.

여래가 대비방편의 바다로

세간을 이익케 하기 위하여 출현하여
널리 정도를 열어 중생에게 보이시니
이것은 명견시방 주약신이 능히 요달하였습니다.

여래가 널리 큰 광명을 놓아
일체 시방에 비추지 아니함이 없어서
하여금 염불함을 따라 공덕을 출생케 하시니
이것은 보발위광 주약신의 해탈문입니다.

다시 포화여운 주림신은 광대하고 끝이 없는 지혜
의 바다 창고의 해탈문을 얻었으며, 탁간서광 주림
신은 광대하게 닦아 다스려 널리 청정케 하는 해탈문
을 얻었으며, 생아발요 주림신은 가지가지 청정한
믿음의 싹을 증장케 하는 해탈문을 얻었으며, 길상
정엽 주림신은 일체 청정한 공덕 장엄 뭉치의 해탈문
을 얻었으며, 수포염장 주림신은 넓은 문에 청정한

지혜로 항상 법계를 두루 보는 해탈문을 얻었으며, 묘장엄광 주림신은 널리 일체중생의 행해行海를 알아서 진리의 구름을 일으켜 펴는 해탈문을 얻었으며, 가의뇌성 주림신은 일체 뜻에 맞지 않는 소리를 참고 받아들여 청정한 음성을 연설하는 해탈문을 얻었으며, 향광보변 주림신은 시방에 널리 지나간 옛날에 닦아 다스린 바의 광대한 행의 경계를 나타내는 해탈문을 얻었으며, 묘광형요 주림신은 일체 공덕의 진리로써 세간을 요익케 하는 해탈문을 얻었으며, 화과광미 주림신은 능히 일체중생으로 하여금 부처님이 출흥하심을 보고 항상 공경스레 생각하여 잊지 아니하여 공덕의 창고를 장엄케 하는 해탈문을 얻었습니다.

그때 포화여운 주림신이 부처님의 위신력을 받아 널리 일체 주림신의 대중을 관찰하고 게송을 설하여 말하기를,

부처님이 지나간 옛날에 보리의 행을 닦아 익혀
복덕과 지혜를 다 성취하고 원만하게 하였으며
일체 모든 힘을 다 구족하여
큰 광명을 놓아 세간에 유출하셨습니다.

대비의 문이 한량이 없어 중생과 같거늘
여래가 지나간 옛날에 널리 청정하게 닦아 다스렸
기에
이런 까닭으로 세간에 능히 이익케 하시니
이것은 탁간서광 주림신이 요달한 바입니다.

만약 어떤 중생이라도 한번 부처님을 친견하면
반드시 하여금 깊은 믿음의 바다에 들어가게 하여
널리 일체 여래의 도를 시현하시나니
이것은 묘아발요 주림신의 해탈입니다.

한 털끝에 모은 바 모든 공덕은

수많은 세월의 바다가 다하도록 선양하여도 가히

다할 수 없고

모든 부처님의 방편은 사의하기 어렵나니

길상정엽 주림신이 능히 이 깊은 뜻을 밝혔습니다.

나는 여래께서 지나간 옛날에

국토 티끌 수만치 많은 한량없는 부처님께 공양하

시고

낱낱 부처님의 처소에서 지혜를 점점 밝히심을 생각

하나니

이것은 수포염장 주림신이 요달한 바입니다.

일체중생의 모든 행의 바다(行海)를

세존이 한 생각에 다 요달하여 아시니

이와 같은 광대하고 걸림이 없는 지혜는

묘장엄광 주림신이 능히 깨달아 들어갔습니다.

항상 여래의 적정하고 묘한 음성을 연설하여
널리 같을 수 없는 큰 환희를 내어
그들의 견해와 욕망을 따라 다 하여금 깨닫게 하시니
이것은 가의뇌음 주림신이 행한 바 법입니다.

여래가 대신통을 시현하여
시방의 국토에 다 두루하게 하여
부처님이 옛날에 수행하신 것을 다 하여금 보게 하
시니
이것은 보변향광 주림신이 들어간 바 법문입니다.

중생이 간사하고 교활하여 공덕을 닦지 않고
미혹하여 생사 가운데 빠져 유전하기에
저들을 위하여 수많은 지혜의 도를 밝혀 여시니

이것은 묘광형요 주림신이 본 바입니다.

부처님이 업장의 모든 중생을 위하여
억 세월이 지난 그때에도 이에 나타나실 것이며,
그 나머지는 지금 생각만 하면 항상 하여금 보게
하시나니
이것은 화과미광 주림신이 관찰한 바입니다.

　　다시 보봉개화 주산신은 큰 적정광명에 들어가는
해탈문을 얻었으며, 화림묘계 주산신은 자비의 선근
을 닦아 익혀 가히 사의할 수 없는 수의 중생을
성숙케 하는 해탈문을 얻었으며, 고당보조 주산신은
일체중생이 마음에 좋아하는 바를 관찰하여 제근諸
根을 장엄하고 청정케 하는 해탈문을 얻었으며, 이진
보계 주산신은 끝없는 세월의 바다에 부지런히 정진
하지만 싫어하거나 게으름이 없는 해탈문을 얻었으

며, 광조시방 주산신은 끝없는 공덕의 광명으로써 널리 깨닫게 하는 해탈문을 얻었으며, 대력광명 주산신은 능히 스스로 성숙하고 다시 중생으로 하여금 어리석고 미한 행위를 버리게 하는 해탈문을 얻었으며, 위광보승 주산신은 일체 고통을 뽑아서 하여금 남음이 없게 하는 해탈문을 얻었으며, 미밀광륜 주산신은 교법의 광명을 연설하여 일체 여래의 공덕을 현시하는 해탈문을 얻었으며, 보안현견 주산신은 일체중생으로 하여금 내지 꿈 가운데서도 선근을 증장케 하는 해탈문을 얻었으며, 금강견고안 주산신은 끝없는 큰 뜻의 바다를 출현하는 해탈문을 얻었습니다.

그때 개화잡지 주산신이 부처님의 위신력을 받아 널리 일체 주산신의 대중을 관찰하고 게송을 설하여 말하기를,

지나간 옛날에 수승한 행을 닦은 것이 끝이 없었기에
지금에 신통을 얻은 것도 또한 한량이 없으시며
또한 법문을 널리 열기를 티끌 수와 같이 하여
다 중생으로 하여금 깊이 깨달아 환희케 하십니다.

수많은 상호로 몸을 장엄하여 세간에 두루하게 하
시고
털구멍에 광명을 다 청정케 하여
대비의 방편으로 일체중생에게 시현하시니,
화림묘계 주산신이 이 법문을 깨달았습니다.

부처님이 몸을 널리 나타내기를 끝없이 하여
시방세계에 다 넘쳐나게 하시며
제근諸根을 장엄하고 청정케 하여 보는 이로 하여금
기쁘게 하시니
이 법문은 고당보조 주산신이 능히 깨달아 들어갔습

니다.

끝없는 세월토록 부지런히 수행하여 게으름이 없고
세간의 법에 물들지 않는 것이 허공과 같아서
가지가지 방편으로 중생을 교화하시니
이 법문을 깨달은 이는 이름이 이진보계 주산신입
니다.

중생이 눈이 어두워 험난한 길에 들어가거늘
부처님이 저들을 어여삐 여겨 광명을 펴 비추어서
널리 세간으로 하여금 잠으로부터 깨어나게 하시니
위광조시방 주산신이 이 법문을 깨달아 마음에 환희
를 내었습니다.

지나간 옛날에 제유諸有에 있으면서 널리 수행하시되
티끌 수만치 많은 수없는 부처님께 공양하시고

198

중생으로 하여금 보게 하여 큰 서원을 일으키게 하
시니
이 지위는 대력광명 주산신이 능히 분명하게 들어갔
습니다.

모든 중생이 유전하는 고통과
일체 업장이 항상 얽어 덮음을 보시고
지혜광명으로써 다 멸제케 하시니
이것은 위광보승 주산신의 해탈입니다.

낱낱 털구멍에 묘한 음성을 내시어
중생의 마음을 따라 모든 부처님을 찬탄하여
다 시방에 두루하게 하길 한량없는 세월토록 하시니
이것은 미밀광륜 주산신이 들어간 바 법문입니다.

부처님이 시방에 두루하여 널리 그들 앞에 나타나

가지가지 방편으로 묘한 법을 연설하여
널리 중생의 모든 선행의 바다를 증익케 하시니
이것은 보안현견 주산신이 깨달은 바입니다.

법문이 바다와 같아 끝도 한량도 없거늘
일음一音으로 설하여 다 하여금 알게 하시지만
일체 세월 가운데 연설하심이 끝이 없으시니
이 방편에 들어간 이는 금강견고목 주산신입니다.

　다시 보덕정화 주지신은 자비심으로써 생각 생각
에 널리 일체중생을 관찰하는 해탈문을 얻었으며,
견복장엄 주지신은 널리 일체중생의 복덕을 나타내
는 힘의 해탈문을 얻었으며, 묘화엄수 주지신은 널
리 모든 법문에 들어가서 일체 부처님 국토의 장엄을
출생하는 해탈문을 얻었으며, 보산중보 주지신은
가지가지 모든 삼매를 닦아 익혀 중생으로 하여금

업장의 때를 제멸케 하는 해탈문을 얻었으며, 정목관시 주지신은 일체중생으로 하여금 항상 쾌락에 노닐게 하는 해탈문을 얻었으며, 금색묘안 주지신은 일체 청정한 몸을 시현하여 중생을 조복하는 해탈문을 얻었으며, 향모발광 주지신은 일체 부처님의 공덕의 바다에 대위신력을 요달하여 아는 해탈문을 얻었으며, 적음열의 주지신은 널리 일체중생의 말과 음성의 바다를 섭수하여 가지는 해탈문을 얻었으며, 묘화선계 주지신은 불꽃 구름을 부처님의 국토에 넘쳐나게 하여 때를 떠나게 함으로 자성을 삼는 해탈문을 얻었으며, 금강보지 주지신은 일체 부처님의 법륜으로 섭수하여 가진 바로 널리 출현하는 해탈문을 얻었습니다.

그때 보덕정화 주지신이 부처님의 위신력을 받아 널리 일체 주지신의 대중을 관찰하고 게송을 설하여 말하기를,

여래의 지나간 옛날 생각 생각 가운데
큰 자비의 문은 가히 말할 수 없나니
이와 같은 수행을 그침이 없이 하였기에
그런 까닭으로 견고하여 무너지지 않는 몸을 얻었습
니다.

삼세에 중생과 그리고 보살이
소유한 일체 수많은 복덕의 뭉치를
다 여래의 털구멍 가운데서 나타내시니
견복장엄 주지신이 보아 마치고 환희심을 내었습니다.

광대하고 적정한 삼마지三摩地는
난 적도 없고 멸한 적도 없고, 온 적도 간 적도 없지만
국토를 장엄하고 청정하게 하여 중생에게 보이시니
이것은 묘화엄수 주지신의 해탈입니다.

부처님이 지나간 옛날에 모든 행을 닦으신 것은

중생으로 하여금 무거운 장애를 소멸케 하기 위함이

시니

보산중보 주지신이

이 해탈을 보고 환희심을 내었습니다.

여래의 경계는 끝이 없어서

생각 생각에 널리 세간에 나타내시니

정목관시 주지신이

부처님이 행하신 바를 보고 마음에 경사하고 기뻐하

였습니다.

묘한 음성이 한량이 없고 사의할 수 없는 것은

널리 중생으로 번뇌를 소멸케 하기 위함이시니

금색묘안 주지신이 능히 깨달아

부처님의 끝없는 수승한 공덕을 보았습니다.

일체 색신의 형상을 다 화현하여
시방 법계에 다 넘쳐나게 하시니
향모발광 주지신이 항상 부처님이
이와 같이 널리 모든 중생을 교화하심을 보았습니다.

묘한 음성을 널리 시방에 두루하게 하여
한량없는 세월 가운데 중생을 위하여 설하시니
적음열의 주지신이 마음에 요달하여
부처님으로 좇아 듣고 깊이 공경하며 환희를 얻었습
니다.

부처님의 털구멍에 향불 구름을 내어
중생의 마음을 따라 세간에 두루하여
일체 보는 사람으로 다 성숙케 하시니
이것은 묘화선계 주지신이 관찰한 바 처소입니다.

견고하여 무너뜨리기 어려운 것을 금강과 같이 하고 가히 기울어 움직이지 않는 것을 수미산을 넘는 듯이 하여

부처님이 몸을 이와 같이 세간에 거처하시니 금강보지 주지신이 이것을 보고 환희심을 내었습니다.

다시 보봉광요 주성신은 방편으로 중생을 이익케 하는 해탈문을 얻었으며, 묘엄궁전 주성신은 중생의 근성을 알아서 교화하고 성숙케 하는 해탈문을 얻었으며, 청정희보 주성신은 항상 환희를 얻어서 일체 중생으로 하여금 모든 복덕을 받게 하는 해탈문을 얻었으며, 이우청정 주성신은 모든 두려움에서 구호하는 대비의 창고의 해탈문을 얻었으며, 화등염안 주성신은 널리 큰 지혜를 분명하게 요달하는 해탈문을 얻었으며, 염당명현 주성신은 널리 방편으로 시

현하는 해탈문을 얻었으며, 성복위광 주성신은 널리 일체중생을 관찰하여 하여금 광대한 복덕의 바다를 닦게 하는 해탈문을 얻었으며, 정광명신 주성신은 일체 어리석고 어두운 중생을 열어 깨닫게 하는 해탈문을 얻었으며, 향당장엄 주성신은 여래가 자재한 힘으로 널리 세간에 두루하여 중생을 조복함을 관찰하는 해탈문을 얻었으며, 보봉광목 주성신은 능히 큰 광명으로써 일체중생의 장애산을 깨뜨리는 해탈문을 얻었으며, 그때 보봉광요 주성신이 부처님의 위신력을 받아 널리 일체 주성신의 대중을 관찰하고 게송을 설하여 말하기를,

도사가 이와 같이 사의할 수 없어서
광명을 시방에 두루 비추시어
중생들이 현전에서 다 부처님을 보게 하여
교화하고 성숙케 한 것이 그 수를 다할 수 없습니다.

모든 중생의 근성이 각각 차별하지만
부처님이 다 요달하여 아시기를 남김없이 하시니
묘엄궁전 주성신이
이 법문에 들어가 마음에 경사하고 기뻐하였습니다.

여래가 한량없는 세월에 수행하시되
지나간 옛날에 모든 부처님의 법을 호지하시며
마음에 항상 받들어 섬겨 환희를 내시니
청정묘보 주성신이 이 법문을 깨달았습니다.

여래가 옛날에 능히
일체중생의 모든 두려움을 제견除遣하시고
항상 저들 중생에게 자비심을 일으키시니
이것은 이우청정 주성신이 마음에 깨달아 기뻐하였
습니다.

부처님의 지혜는 광대하여 끝이 없는 것이
비유하자면 허공이 가히 한량이 없는 것과 같나니
화등염목 주성신이 사유하여 깨달아 기뻐하고
능히 여래의 묘한 지혜를 배웠습니다.

여래가 색상을 중생과 같이 하여
그들이 좋아하고 욕망함을 따라 다 하여금 보게 하
시니
염당명현 주성신이 마음에 능히 깨닫고
이 방편을 닦아 환희를 내었습니다.

여래가 지나간 옛날에 수많은 복덕의 바다를 닦아서
청정하고 광대하기가 끝이 없으시니
복덕당광 주성신이 이 법문에
관찰하고 깨달아 마음에 기뻐하고 경사하였습니다.

중생이 어리석어 제유諸有 가운데 미혹한 것이
마치 세간의 생맹이 끝내 볼 수 없는 것과 같거늘
부처님이 이익케 하기 위하여 세간에 출흥하시니
청정광신 주성신이 이 법문에 들어갔습니다.

여래의 자재한 힘은 끝이 없는 것이
마치 구름과 같아서 널리 세간에 두루하시며
내지 꿈속까지 나타나 하여금 조복케 하시니
이것은 향당장엄 주성신이 관찰하여 본 바입니다.

중생이 어리석고 눈먼 것이 마치 눈먼 장님과 같아서
가지가지 장개障蓋에 얽히어 덮인 바가 되었거늘
부처님이 광명으로 비추어 사무쳐서 널리 하여금
열게 하시니
이와 같은 것은 보봉광목 주성신이 들어간 바입니다.

다시 정장엄당 도량신은 부처님께 공양하는 광대한 장엄 기구를 출현하는 서원의 힘의 해탈문을 얻었으며, 수미보광 도량신은 일체중생 앞에 나타나서 광대한 보리의 행을 성취하는 해탈문을 얻었으며, 뇌음당상 도량신은 일체중생의 마음에 좋아하는 바를 따라서 하여금 부처님이 꿈 가운데서도 설법함을 보게 하는 해탈문을 얻었으며, 우화묘안 도량신은 능히 일체 버리기 어려운 수많은 보배와 장엄 기구를 내려주는 해탈문을 얻었으며, 청정염형 도량신은 능히 묘한 장엄도량을 나타내어 널리 중생을 교화하여 하여금 성숙케 하는 해탈문을 얻었으며, 화영수계 도량신은 근기를 따라 법을 설하여 하여금 바른 생각을 내게 하는 해탈문을 얻었으며, 우보장엄 도량신은 능히 변재로써 널리 끝없는 환희의 법을 비 내리게 하는 해탈문을 얻었으며, 용맹향안 도량신은 널리 모든 부처님의 공덕을 칭찬하는 해탈문을 얻었으며, 금강채운 도량신은 끝없는 색상의 나무를 시현하여 도량을 장엄하는 해탈문을 얻었으며, 연화광명 도량신은 보리수 아래에 고요히 앉아 움직이지 않았지만 그러나 시방에 넘쳐나 두루한 해탈문을 얻었으며, 묘광조요 도량신은 여래의 가지가지 힘을 현시하는 해탈문을 얻었습니다.

그때 정장엄당 도량신이 부처님의 위신력을 받아 널리 일체 도량신의 대중을 관찰하고 게송을 설하여 말하기를,

내가 여래께서 지나간 옛 시절
한량없는 세월에 수행하신 바를 생각하니
모든 부처님이 출흥하심에 다 공양하셨기에
그런 까닭으로 허공과 같은 큰 공덕을 얻은 것 같습니다.

부처님이 옛날에 끝없는 보시를 수행하시길

한량없는 국토의 작은 티끌 수와 같이 하셨으니

수미광조보리 도량신이

선서를 기억하고 생각하여 마음에 기뻐하고 경사하

였습니다.

여래의 색상은 끝이 없어서

변화하여 일체 국토에 두루 유전케 하시며

내지 꿈속에도 항상 시현하시나니

뇌음당상 도량신이 이것을 보고 환희를 내었습니다.

옛날에 버리는 행을 행하시길 한량없는 세월토록

하시고

능히 버리기 어려운 눈마저 버리기를 바다와 같이

하셨으니

이와 같이 버리는 행은 중생을 위한 것이니

이것은 우화묘안 도량신이 능히 깨닫고 기뻐하였습
니다.

끝없는 색상의 보배 불꽃 구름을
보리도량에 시현하여 세간에 두루하게 하시니
염형청정 도량신이
부처님의 자재하심을 보고 환희를 내었습니다.

중생들 행위의 바다가 끝이 없지만
부처님이 넓고도 가득히 진리의 비를 내려
그들의 근성에 이해함을 따라 의혹을 제멸하시니
화영수계 도량신이 이것을 깨닫고 마음에 환희하였
습니다.

한량없는 법문의 차별한 뜻에
변재의 큰 바다로써 다 능히 들어가게 하시니

우보엄구 도량신이
마음속 생각 생각에 항상 이와 같이 하려 하였습니다.

가히 말할 수 없는 일체 국토에
세간의 말을 다 동원하여 부처님을 칭찬하셨기에
그런 까닭으로 명예와 큰 공덕을 얻으셨나니
이것은 용맹향안 도량신이 능히 기억하고 생각하였
습니다.

가지가지 색상의 끝없는 나무를
널리 보리나무왕 아래에 나타내시니
금강채운 도량신이 이 법문을 깨닫고
항상 보리수를 관찰하며 환희심을 내었습니다.

시방의 끝을 가히 얻을 수 없듯이
부처님이 보리도량에 앉으심과 지혜도 또한 그러하

나니

연화보광 도량신이 청정하게 믿는 마음으로
이 해탈문에 들어가서 깊이 환희를 내었습니다.

도량의 일체 곳에서 묘한 음성을 내어
부처님의 사의하기 어려운 청정한 힘과
그리고 모든 인행을 성취하신 것을 찬탄하나니
이것은 묘광조요 도량신이 능히 듣고 받았습니다.

다시 보인수 족행신은 널리 수많은 보배를 비
내려 광대한 환희를 내게 하는 해탈문을 얻었으며,
연화광 족행신은 부처님의 몸이 일체 광명색의 연꽃
자리에 앉아 계심을 시현하여 보는 사람으로 하여금
환희케 하는 해탈문을 얻었으며, 최승화계 족행신은
낱낱 심념心念 가운데 일체 여래의 대중이 모이는
도량을 건립하는 해탈문을 얻었으며, 섭제선견 족행

신은 발을 들어 걸음을 일으킴에 끝없는 중생을 다 조복하는 해탈문을 얻었으며, 묘보성당 족행신은 생각 생각 가운데 가지가지 연꽃과 그물 광명을 화현하여 수많은 보배를 널리 비 내리고 묘한 음성을 내는 해탈문을 얻었으며, 낙토묘음 족행신은 끝없는 환희의 바다를 출생하는 해탈문을 얻었으며, 전단수광 족행신은 향기로운 바람으로써 널리 일체 도량에 모인 대중들을 깨닫게 하는 해탈문을 얻었으며, 연화광명 족행신은 일체 털구멍에 광명을 놓아 미묘한 법음을 연설하는 해탈문을 얻었으며, 미묘광명 족행신은 그 부처님의 몸에서 가지가지 광명의 그물을 두루 내어 널리 비추는 해탈문을 얻었으며, 적집묘화 족행신은 일체중생을 열어 깨닫게 하여 하여금 선근의 바다를 내게 하는 해탈문을 얻었습니다.

그때 보인수 족행신이 부처님의 위신력을 받아 널리 일체 족행신의 대중을 관찰하고 게송을 설하여

말하기를,

부처님이 옛날에 한량없는 겁토록 수행하시고
일체 모든 여래에게 공양하시되
마음이 항상 경사하고 기뻐 피곤해하거나 싫어함이
없으시니
환희의 문이 깊고 큰 것이 비유하자면 바다와 같았습
니다.

생각 생각에 신통이 가히 헤아릴 수 없기에
연꽃에 가지가지 향기를 화현하여
부처님이 그 위에 앉아 널리 유행遊行하시니
홍색광 족행신이 다 보았습니다.

모든 부처님 여래는 법이 이와 같아서
광대하게 모인 대중이 시방에 두루함에

널리 신통을 가히 사의할 수 없이 나타내시니
최승화계 족행신이 다 분명하게 보았습니다.

시방의 국토 일체 처소에
그 가운데 발을 들고 혹 발을 내림에
다 능히 모든 중생을 성취케 하시니
이것은 섭제선견 족행신이 마음에 깨달아 기뻐하였
습니다.

중생의 수와 같이 널리 몸을 나타내시되
이 낱낱 몸을 법계에 넘쳐나게 하여
다 청정한 광명을 놓아 수많은 보배를 비 내리시니
이와 같은 해탈에는 묘보성당 족행신이 들어갔습
니다.

여래의 경계는 끝이 없어서

널리 진리의 비를 내려 다 넘쳐나게 하거늘
모인 대중이 그 부처님을 보고 환희를 내나니
이것은 낙토묘음성 족행신이 본 바입니다.

부처님의 음성은 그 양量이 허공과 같아서
일체 음성이 다 그 가운데 있기에
중생을 조복함에 두루하지 아니함이 없으시니
이와 같은 것은 전단수광 족행신이 능히 듣고 받았습
니다.

일체 털구멍에 변화의 음성을 내어
삼세에 모든 부처님의 이름을 널리 떨치거늘
이 음성을 듣는 사람은 다 환희하나니
연화광명 족행신이 이와 같음을 보았습니다.

부처님의 몸이 변화하여 나타나심을 가히 사의할

수 없고

걸음걸음마다 색상은 비유하자면 바다와 같아서

중생의 마음을 따라 다 하여금 보게 하시니

이것은 미묘광명 족행신이 얻은 바입니다.

시방에 널리 대신통을 나타내어

일체중생을 다 열어 깨닫게 하시니

중묘화 족행신이 이 법문에

보아 마치고 마음에 큰 환희를 내었습니다.

　　다시 정희경계 신중신은 부처님의 지나간 옛날에 세웠던 서원의 바다를 기억하는 해탈문을 얻었으며, 광조시방 신중신은 광명으로 끝없는 세계를 널리 비추는 해탈문을 얻었으며, 해음조복 신중신은 큰 음성으로 널리 일체중생을 깨닫게 하여 하여금 환희 하고 조복케 하는 해탈문을 얻었으며, 정화엄계 신중신은 몸이 허공과 같이 두루 머무는 해탈문을 얻었으며, 무량위의 신중신은 일체중생에게 모든 부처님의 경계를 시현하는 해탈문을 얻었으며, 최승광엄 신중신은 일체 주리고 궁핍한 중생으로 하여금 색신과 힘을 만족케 하는 해탈문을 얻었으며, 정광향운 신중신은 일체중생의 번뇌의 때를 제멸하는 해탈문을 얻었으며, 수호섭지 신중신은 일체중생의 어리석은 마군의 업을 전변하는 해탈문을 얻었으며, 보현섭화 신중신은 널리 일체 세주들의 궁전 가운데 장엄의 모습을 현시하는 해탈문을 얻었으며, 부동광명 신중신은 널리 일체중생을 섭수하여 다 하여금 청정한 선근을 내게 하는 해탈문을 얻었습니다.

그때 정희경계 신중신이 부처님의 위신력을 받아 널리 일체 신중신의 대중을 관찰하고 게송을 설하여 말하기를,

내 기억하여 보니 수미산 티끌 수만치 많은 세월
전에
부처님 묘광이 계셔 세간에 출흥하시니
세존이 저 여래의 처소에서
발심하여 일체 부처님에게 공양하셨습니다.

여래가 몸에 큰 광명을 놓으심에
그 광명이 법계에 넘쳐나지 아니함이 없거늘
중생으로 만나는 이가 마음에 다 조복하나니
이것은 광조시방 신중신이 본 바입니다.

여래가 음성으로 시방의 국토를 진동하시되
일체 말과 음성이 다 원만하여
널리 중생을 깨우쳐 남음이 없게 하시니
해음조복 신중신이 이 법문을 듣고 마음에 기뻐하고
경사했습니다.

부처님의 몸은 청정하고 항상 적멸하여
널리 수많은 색상을 나타내지만 모든 색상이 없거늘
이와 같이 세간에 두루 머무시나니
이것은 정화엄계 신중신이 들어간 바입니다.

도사는 이와 같이 사의할 수 없어서
중생의 마음을 따라 다 하여금
혹시에는 앉고 혹시에는 가고 혹시에는 머무름을
보게 하시니
무량위의 신중신이 깨달은 바 법문입니다.

여래는 백천 세월에도 만나기 어렵지만
출흥하여 이익케 하심이 능히 자재하여
세간으로 하여금 다 빈궁의 고통을 떠나게 하시니
최승광엄 신중신이 이곳에 들어갔습니다.

여래의 낱낱 치아 사이에
널리 향과 등의 광명 불꽃 구름을 놓아
일체중생의 미혹을 멸제하시니
이구향운 신중신이 이와 같이 보았습니다.

중생이 물들고 미혹한 것이 무거운 장애가 되어
마군의 길을 따르고 쫓아 항상 유전하거늘
여래가 해탈의 길을 열어 보이시니
수호집지 신중신이 능히 깨달아 들어갔습니다.

내가 여래의 자재한 힘을 관찰하니
광명을 법계에 펴 다 넘쳐나게 하시고
왕의 궁전에 거처하여 중생을 교화하시니
이것은 보현섭화 신중신의 경계입니다.

중생이 미망하여 수많은 고통을 갖추어 받거늘

부처님이 그 가운데 계셔 항상 구호하여
다 하여금 미혹을 제멸하고 환희심을 내게 하시니
부동광명 신중신이 본 바입니다.

　　다시 묘색나라연 집금강신은 여래가 끝없는 색상의 몸을 시현함을 보는 해탈문을 얻었으며, 일륜속질당 집금강신은 부처님의 몸에 낱낱 털이 둥근 해와 같아서 가지가지 광명의 구름을 나타내는 해탈문을 얻었으며, 수미화광 집금강신은 한량없는 몸을 화현하는 큰 신통변화의 해탈문을 얻었으며, 청정운음 집금강신은 끝없는 유형을 따르는 음성의 해탈문을 얻었으며, 묘비천주 집금강신은 일체 세간에 주인이 됨을 나타내어 중생을 열어 깨닫게 하는 해탈문을 얻었으며, 가애락광명 집금강신은 널리 일체 불법에 차별한 문을 열어 보여 모두 남김없이 다 하는 해탈문을 얻었으며, 대수뇌음 집금강신은 가히 사랑하고 좋아할 장엄 기구로써 일체 나무 신들을 섭수하는 해탈문을 얻었으며, 사자왕광명 집금강신은 여래의 광대한 복덕 장엄의 뭉치가 다 구족하여 명료한 해탈문을 얻었으며, 밀염길상목 집금강신은 널리 험악한 중생의 마음을 관찰하여 그들을 위하여 위엄 威嚴한 몸을 나타내는 해탈문을 얻었으며, 연화마니계 집금강신은 널리 일체 보살의 장엄 기구인 마니계를 비 내리는 해탈문을 얻었습니다.

그때 묘색나라연 집금강신이 부처님의 위신력을 받아 널리 일체 집금강신의 대중을 관찰하고 게송을 설하여 말하기를,

그대들은 응당 법왕을 관찰하세요.
법왕의 법이 이와 같으시니
색상의 몸이 끝이 없어서
널리 세간에 나타나십니다.

부처님 몸의 낱낱 털에
광명의 그물을 사의할 수 없나니
비유하자면 맑은 태양이
널리 시방의 나라를 비추는 것과 같습니다.

여래의 신통력이
법계에 다 두루하여
일체중생들 앞에
끝없는 몸을 시현하십니다.

여래가 설법하는 음성을
시방에 듣지 않는 이가 없나니
모든 중생의 유형을 따라서
다 하여금 마음에 만족케 하십니다.

대중들이 석가모니 세존께서

세간의 궁전 가운데 거처하여

널리 모든 중생을 위하여

큰 법을 열어 드날리심을 봅니다.

진리의 바다가 소용돌이쳐 흐르는 곳에

일체 차별한 뜻을

가지가지 방편문으로 연설하여

다함이 없게 하십니다.

끝없는 큰 방편으로

널리 시방의 국토에 응하시니

부처님의 청정한 광명을 만나면

다 여래의 몸을 볼 것입니다.

모든 부처님께 공양하기를

억 국토 작은 티끌 수 세월토록 하셨나니

그 공덕은 허공과 같아서

일체 세간이 우러러보는 바입니다.

신통력이 평등하여

일체 국토에 다 나타나시며

묘길상 도량에 편안히 앉아

널리 중생 앞에 나타나십니다.

불꽃 구름으로 널리 비추어 밝히신

가지가지 원만한 광명이

법계에 미치지 아니함이 없이

부처님이 행하신 바 처소를 시현하였습니다.

세주묘엄품 ⑤

다시 보현보살마하살이 사의할 수 없는 해탈문의 방편 바다에 들어감으로 여래의 공덕 바다에 들어갔습니다.

말하자면 해탈문이 있나니 이름이 일체 부처님의 국토를 장엄하여 청정하게 하고 중생을 조복하여 하여금 구경에 벗어나게 하는 것이며, 해탈문이 있나니 이름이 널리 일체 여래의 처소에 나아가서 구족한 공덕의 경계를 수행하는 것이며, 해탈문이 있나니 이름이 일체 보살의 지위와 모든 큰 서원의 바다를 안립하는 것이며, 해탈문이 있나니 이름이 널리 법계에 작은 티끌 수만치 많은 한량없는 몸을 나타내는 것이며, 해탈문이 있나니 이름이 일체 국토에 두루하는 가히 사의할 수 없는 수의 차별한 이름을 연설하는 것이며, 해탈문이 있나니 이름이 일체 작은 티끌 가운데 끝없는 모든 보살의 신통 경계를 다 나타내는 것이며, 해탈문이 있나니 이름이 한 생각 가운데 삼세의 세월에 이루어지고 무너지는 일을 나타내는 것이며, 해탈문이 있나니 이름이 일체 보살의 모든 근성의 바다가 각각 자기의 경계에 들어감을 시현하는 것이며, 해탈문이 있나니 이름이 능히 신통력으로써 가지가지 몸을 화현하여 끝없는 법계에 두루하게 하는 것이며, 해탈문이 있나니 이름이 일체 보살이 수행하는 법의 차례 문으로 일체 지혜의 광대한 방편에 들어감을 현시하는 것입니다.

그때에 보현보살마하살이 자기의 공덕으로써 다시 여래의 위신력을 받아 널리 일체 대중이 모인 바다를 관찰하고 곧 게송을 설하여 말하기를,

부처님이 장엄한 바 광대한 국토가
일체 작은 티끌 수와 같거늘
청정한 불자가 다 그 가운데 충만하나니
사의할 수 없는 최상의 묘한 법문을 비 내리셨습니다.

이 회중에 부처님이 앉아 계심을 보게 하는 것과
같이
일체 티끌 가운데도 다 이와 같이 보게 하시지만
부처님의 몸은 간 적도 없고 또한 온 적도 없이
있는 바 국토에 다 분명하게 나타나십니다.

보살이 수행한 바와
한량없는 갈래의 땅에 모든 방편을 현시하시며
그리고 사의하기 어려운 진실한 이치를 연설하여
모든 불자로 하여금 법계에 들어가게 하셨습니다.

화신의 부처님을 출생하시되 티끌 수와 같이 하여
널리 중생의 마음에 욕망하는 바를 응하시고
깊은 법계의 방편문에 들어가서
광대하고 끝이 없는 법계를 다 열어 연설하셨습니다.

여래의 명호를 세간의 수數와 같게 하여
시방의 국토에 다 넘쳐나게 하시며
일체 방편을 헛되이 지남이 없게 하여
중생을 조복하여 다 번뇌의 때를 떠나게 하셨습니다.

부처님이 일체 작은 티끌 가운데
끝없는 대신통력을 시현하여
다 도량에 앉아 능히 연설하시는 것이
마치 부처님이 지나간 옛날에 보리의 행을 설하심과
같았습니다.

삼세에 있는 바 광대한 세월을
부처님이 생각 생각 가운데 다 시현하여
저 모든 이루어지고 무너지는 일체의 일을
사의할 수 없는 지혜로 알지 아니함이 없으십니다.

불자들의 모인 대중 넓고 한없는 이들이
함께 모든 부처님의 지위를 측량하고자 할지라도
모든 부처님의 법문은 끝이 없어서
능히 다 요달하여 아는 것이 매우 어려움이 됩니다.

부처님은 허공과 같아서 분별이 없으시고
진법계와 같아서 의지하는 바가 없으시지만
몸을 화현하여 두루 가서 이르지 아니함이 없으시며
다 도량에 앉아 정각을 성취하셨습니다.

부처님은 묘한 음성으로 널리 선설하여 펴시되

일체 모든 지위를 다 분명하게 아시기에
널리 낱낱 중생들 앞에 나타나서
여래의 평등한 법을 다 주십니다.

　다시 정덕묘광 보살마하살은 시방의 보살 대중이
모인 곳에 두루 가서 도량을 장엄하는 해탈문을
얻었으며, 보덕최승등광조 보살마하살은 한 생각
가운데 끝없는 정각을 성취하는 문을 나타내어 사의
할 수 없는 중생의 세계를 교화하여 성숙케 하는
해탈문을 얻었으며, 보광사자당 보살마하살은 보살
의 복덕을 닦아 익혀 일체 부처님의 국토를 장엄하여
출생하는 해탈문을 얻었으며, 보보엄묘광 보살마하
살은 부처님의 신통 경계를 관찰하여 미혹함이 없는
해탈문을 얻었으며, 보음공덕해당 보살마하살은 한
대중이 모인 도량 가운데 일체 부처님 국토의 장엄을
시현하는 해탈문을 얻었으며, 보지광조여래경 보살

마하살은 여래를 따르고 좇아 깊고도 광대한 법계의 창고를 관찰하는 해탈문을 얻었으며, 보각열의성 보살마하살은 일체 부처님을 친근하고 받들어 섬겨 공양한 창고의 해탈문을 얻었으며, 보청정무진복위 광 보살마하살은 일체 신통변화를 출생하여 광대하게 가피하여 섭지하는 해탈문을 얻었으며, 보보계화 당 보살마하살은 널리 일체 세간의 행에 들어가서 보살의 끝없는 행문을 출생하는 해탈문을 얻었으며, 보상최승광 보살마하살은 능히 모습이 없는 법계 가운데 일체 모든 부처님의 경계를 나타내는 해탈문을 얻었습니다.

그때에 정덕묘광 보살마하살이 부처님의 위신력을 받아 널리 일체 보살의 해탈문의 바다를 관찰하여 마치고 곧 게송을 설하여 말하기를,

시방에 있는 바 모든 국토를

한 찰나 사이에 다 장엄하여 청정하게 하시고
묘한 음성으로 법륜을 전하여
널리 세간에 두루하게 하시지만 더불어 같을 이가
없었습니다.

여래의 경계는 끝이 없어서
한 생각에 법계에 다 넘쳐나게 하여
낱낱 티끌 가운데 도량을 건립하시고
다 보리를 증득하여 신통변화를 일으키셨습니다.

세존이 지나간 옛날에 모든 행을 닦되
백천의 한량없는 세월이 지나도록 하시고
일체 부처님의 국토를 다 장엄하여
출현하되 걸림이 없기를 허공과 같이 하셨습니다.

부처님의 신통은 한량이 없어서

끝없는 일체 세월에 넘쳐나시니
가사 한량없는 세월을 지날지라도
생각 생각에 관찰하시기를 피곤해하거나 싫어함이
없으셨습니다.

그대들은 응당 부처님의 신통 경계를 관찰하세요.
시방의 국토를 다 장엄하고 청정하게 하여
일체를 여기에 다 현전하게 하시지만
생각 생각이 같지 아니하여 한량없는 종류로 하셨습
니다.

부처님 관찰하길 백천의 한량없는 세월토록 할지
라도
한 털끝에 분한도 얻을 수 없으며
여래의 걸림 없는 방편문은
이 광명이 널리 사의할 수 없는 국토를 비추십니다.

여래가 지나간 세월에 세간에 있으면서
끝없는 모든 부처님의 바다를 받들어 섬겼기에
이런 까닭으로 일체중생이 냇물이 달림과 같이
다 와서 세간이 존중하는 바에게 공양하십니다.

여래가 출현하여 시방의
낱낱 티끌 속 한량없는 국토에 두루하시지만
그 가운데 경계가 다 한량이 없기에
다 끝이 없고 다함이 없는 세월토록 머무십니다.

부처님이 지나간 세월에 중생을 위하여
끝없는 대비의 바다를 닦아 익혔기에
모든 중생을 따라 생사에 들어가서
널리 모인 대중을 교화하여 하여금 청정케 하십니다.

부처님은 진여의 법계 창고에 머물러

모습도 없고 형상도 없어 모든 때를 떠났거늘
중생이 그 부처님의 가지가지 몸을 보고
일체 고난을 다 소멸하였습니다.

다시 해월광대명 보살마하살은 보살의 모든 지위
와 모든 바라밀을 출생하여 중생을 교화하고 그리고
일체 부처님의 국토를 장엄하여 청정케 하는 방편의
해탈문을 얻었으며, 운음해광이구장 보살마하살은
생각 생각 가운데 널리 법계의 가지가지 차별된
처소에 들어가는 해탈문을 얻었으며, 지생보계 보살
마하살은 가히 사의할 수 없는 세월에 일체중생
앞에 청정한 큰 공덕을 나타내는 해탈문을 얻었으
며, 공덕자재왕정광 보살마하살은 널리 시방의 일체
보살이 처음 도량에 나아갈 때에 가지가지 장엄을
보는 해탈문을 얻었으며, 선용맹연화계 보살마하살
은 모든 중생의 근성에 아는 바다를 따라서 널리

일체 불법을 현시하는 해탈문을 얻었으며, 보지운일당 보살마하살은 여래의 지혜를 성취하여 한량없는 세월토록 영원히 머무는 해탈문을 얻었으며, 대정진금강제 보살마하살은 널리 일체 끝없는 법인의 힘에 들어가는 해탈문을 얻었으며, 향염광당 보살마하살은 현재에 일체 부처님이 처음 보살행을 닦고 내지 지혜의 뭉치를 성취하는 해탈문을 얻었으며, 대명덕심미음 보살마하살은 비로자나의 일체 큰 서원의 바다에 편안히 머무는 해탈문을 얻었으며, 대복광지생 보살마하살은 여래가 온 법계의 깊고도 깊은 경계를 현시하는 해탈문을 얻었습니다.

그때에 해월광대명 보살마하살이 부처님의 위신력을 받아 널리 일체 보살의 대중에 장엄한 바다를 관찰하여 마치고 곧 게송을 설하여 말하기를,

모든 바라밀과 그리고 모든 지위가

광대하여 사의할 수 없는 것을 다 원만하게 하시고
한량없는 중생을 다 조복하시며
일체 부처님의 국토를 다 장엄하여 청정하게 하셨습
니다.

부처님이 중생의 세계를 교화하시되
시방의 국토에 다 넘쳐나게 하심과 같아서
한 생각 마음 가운데 법륜을 전하심도
널리 중생에게 응하여 두루하지 아니함이 없으십
니다.

부처님이 한량없는 광대한 세월에
널리 일체중생 앞에 나타나서
마치 그 부처님이 지나간 옛날에 널리 닦아 다스림과
같이
저 중생들이 행할 바 청정한 처소를 보이십니다.

나는 시방을 남김없이 보았으며
또한 모든 부처님이 신통을 나타내어
다 도량에 앉아 정각을 이루시거늘
수많은 대중이 모여와 법문을 듣고 함께 에워쌈도
보았습니다.

광대한 광명의 부처님 법신이
능히 방편으로 세간에 나타나서
널리 중생이 마음에 좋아하는 바를 따라
다 근성에 칭합하여 진리를 비 내리십니다.

진여의 평등한 모습 없는 몸과
때를 떠난 광명의 청정한 법신과
지혜의 적정한 몸 그 한량없는 것으로
널리 시방에 응하여 법을 연설하십니다.

법왕의 모든 힘은 다 청정하고
지혜는 허공과 같아 끝이 없거늘
다 열어 보여 남기거나 숨김이 없어서
널리 중생으로 하여금 다 깨달아 들어가게 하십니다.

부처님이 지나간 옛날에 닦아 다스린 바로
내지 일체 지혜를 성취함과 같아서
지금에 광명을 놓아 법계에 두루하게 하여
그 가운데 나타나심을 다 분명하게 요달하셨습니다.

부처님이 본래의 서원으로 신통을 나타내어
일체 시방에 비추지 아니함이 없으시고
부처님이 지나간 옛날에 닦아 다스린 행과 같음을
광명의 그물 가운데 다 연설하십니다.

시방의 경계가 다함도 없고

같음도 없고 끝도 없어 각각 차별하거늘
부처님이 걸림이 없는 힘으로 큰 광명을 놓으시니
일체 국토가 광명으로 현현하였습니다.

그때에 여래의 사자자리에 수많은 보배와 묘한
꽃과 윤대輪臺와 기단과 섬돌과 그리고 모든 창문의
이와 같은 일체 장엄기구 가운데 낱낱이 각각 부처님
국토의 작은 티끌 수만치 많은 보살마하살을 출생하
시니 그 이름을 말하면 해혜자재신통왕 보살마하살
과 뇌음보진 보살마하살과 중보광명계 보살마하살
과 대지일용맹혜 보살마하살과 부사의공덕보지인
보살마하살과 백목연화계 보살마하살과 금염원만
광 보살마하살과 법계보음 보살마하살과 운음정월
보살마하살과 선용맹광명당 보살마하살입니다.
　이와 같은 등이 상수가 되어 수많은 부처님 국토에
작은 티끌 수만치 많은 보살들이 동시에 출현함이

있었습니다.

이 모든 보살이 각각 가지가지 공양의 구름을 일으키나니, 말하자면 일체 마니 보배 꽃구름과 일체 연꽃 묘한 향기 구름과 일체 보배 원만광명 구름과 끝없는 경계의 향기 불꽃 구름과 일장마니 바퀴 광명 구름과 일체 마음을 기쁘게 하는 음악 구름과 끝없는 색상의 일체 보배 등 광명 불꽃 구름과 수많은 보배 나뭇가지 꽃 과실 구름과 끝없는 보배 청정광명 마니왕 구름과 일체 장엄기구 마니왕 구름입니다.

이와 같은 등 모든 공양 구름이 부처님 세계의 작은 티끌 수만치 많이 있었습니다.

저 모든 보살이 낱낱이 다 이와 같은 공양의 구름을 일으켜 일체 도량의 대중 바다에 비 내리되 서로 이어져 끊어지지 않게 하였습니다.

이와 같은 구름을 나타낸 이후에 오른쪽으로 세존을 돌되 한량없는 백천 바퀴를 돌아 지나고 그 방면을 따라 부처님과 멀지 않는 곳에 가서 한량없는 가지가지 보배 연꽃 사자의 자리를 화작化作하여 각각 그 위에 결가부좌 하고 앉았습니다.

이 모든 보살이 행한 바가 청정하고 광대하기가 바다와 같으며, 지혜의 광명을 얻어 보문普門의 법을 비추며, 모든 부처님을 수순하여 행하는 바가 걸림이 없으며, 능히 일체 변재의 진리의 바다에 들어가며, 사의할 수 없는 해탈의 법문을 얻었으며, 여래의 보문의 지위에 머물며, 이미 일체 다라니문을 얻어서 다 능히 일체 진리의 바다를 수용하며, 삼세의 평등한 지혜의 지위에 잘 머물며, 이미 깊은 믿음과 광대한 기쁨과 즐거움을 얻었으며, 끝없는 복덕의 뭉치를 지극히 잘 청정하게 하며, 허공계와 법계를 관찰하지 아니함이 없으며, 시방세계의 일체 국토에 있는 바 출흥하신 부처님을 다 부지런히 공양하였습니다.

그때에 해혜자재신통왕 보살마하살이 부처님의
위신력을 받아 널리 일체 도량에 대중의 바다를
관찰하고 곧 게송을 설하여 말하기를,

모든 부처님이 깨달은 바를 다 이미 아는 것이
마치 허공이 걸림 없이 다 밝게 비추는 것과 같으며
광명은 시방의 한량없는 국토에 두루하고
대중이 모인 가운데 거처하시되 널리 단엄하고 깨끗
하십니다.

여래의 공덕은 가히 헤아릴 수 없어
시방법계에 다 넘쳐나
널리 일체 나무왕 아래에 앉으시니,
모든 큰 자재한 사람들이 함께 구름처럼 모여 왔습
니다.

부처님은 이와 같은 신통력이 있어
한 생각에 끝없는 모습을 나타내시니
여래의 경계가 끝이 없는 것을
각각 해탈을 따라 능히 봅니다.

여래가 지나간 옛날에 세월의 바다를 지나
제유諸有에 있으면서 부지런히 수행하시고
가지가지 방편으로 중생을 교화하여
저 중생으로 하여금 모든 불법을 받아 행하게 하셨습
니다.

비로자나가 단엄한 상호를 갖추어
연꽃 갈무리 사자의 자리에 앉아 계시거늘
일체 모인 대중이 다 청정하여
고요히 머물러 같이 우러러봅니다.

마니 보배 창고가 광명을 놓아
널리 끝없는 향기 불꽃 구름을 일으키며
한량없는 꽃들이 휘감아 함께 내려 펼쳐졌거늘
이와 같은 자리 위에 여래가 앉으셨습니다.

가지가지로 장엄하고 꾸민 길상의 문에서
항상 등불 광명과 보배 불꽃 구름을 놓으시니
광대하고 치연하여 비추지 아니함이 없거늘
석가모니불이 그 위에 거처하여 더욱 장엄이 좋으십
니다.

가지가지 마니로 화려하게 꾸며진 창문의
묘한 보배 연꽃으로 내려 장식한 바에
항상 묘한 음성을 내어 듣는 이로 기쁘게 하거늘
부처님이 그 위에 앉아 특히 밝게 드러나셨습니다.

보배 바퀴로 자리를 받들되 반달 형상이고
금강으로 좌대가 되었으되 색이 빛나고 밝으며
상투를 가진 보살들이 항상 에워싸고 있거늘
부처님이 그 가운데 계셔 가장 빛나십니다.

가지가지 신통변화를 시방에 넘쳐나게 하여
여래의 광대한 서원을 연설하며
일체 영상을 그 가운데 나타내거늘
이와 같은 자리 위에 부처님이 편안히 앉으셨습니다.

　그때에 뇌음보진 보살마하살이 부처님의 위신력
을 받아 널리 일체 도량에 대중의 바다를 관찰하고
곧 게송을 설하여 말하기를,

세존이 지나간 옛날에 보리행을 모으시고
시방의 한량없는 부처님께 공양하셨기에

선서의 위신력으로 가피한 바가 되어
여래의 자리 가운데서 보지 아니함이 없습니다.

향기 불꽃에 마니여의보배왕으로
묘한 연꽃의 사자자리를 꾸미니
가지가지 장엄이 다 그림자처럼 나타나거늘
일체 모인 대중이 다 밝게 봅니다.

부처님의 자리에서 널리 장엄의 모습을 나타내되
생각 생각에 색상의 종류가 각각 차별하나니
모든 중생의 아는 것이 같지 아니함을 따라서
각각 부처님이 그 위에 앉아 계심을 봅니다.

보배 가지에 연꽃 그물을 내려 폈으며
연꽃이 핌에 모든 보살들이 솟아 나타나
각각 미묘하고 마음을 기쁘게 하는 음성을 내어

여래가 자리에 앉아 계심을 칭찬합니다.

부처님의 공덕은 그 양量이 허공과 같아서
일체 장엄이 이로 좇아 나왔으며
낱낱 땅 가운데 장엄하고 꾸미는 일을
일체중생이 능히 알지 못합니다.

금강으로 땅이 되어 능히 무너뜨릴 수 없으며
넓고 청정하고 지극히 평탄하며
마니로 그물이 되어 허공에 내려 펼쳐져
보리수 아래에 다 두루합니다.

그 땅은 끝이 없고 색상이 수특하며
진금으로 가루를 만들어 그 가운데 흩었으며
널리 유명한 꽃과 그리고 수많은 보배를 흩어
다 여래의 자리를 광명으로 비춥니다.

지신들이 환희하고 뛰면서
찰나 간에 시현을 끝없이 하여
널리 일체 장엄 구름을 일으키고
항상 부처님 앞에 우러러보며 머물러 있었습니다.

보배 등불은 광대하여 지극히 치연하고
향기 불꽃은 빛을 내려 끊어짐이 없어서
때를 따라 시현함을 각각 차별하게 하거늘
지신들이 이것으로써 공양합니다.

시방의 일체 국토 가운데
저 땅에 있는 바 모든 장엄이
지금 이 도량에 나타나지 아니함이 없나니
부처님의 위신력인 까닭으로 능히 그렇게 합니다.

그때에 중보광명계 보살마하살이 부처님의 위신

력을 받아 널리 일체 도량에 대중의 바다를 관찰하고
곧 게송을 설하여 말하기를,

세존이 지나간 옛날에 수행할 때에
모든 부처님의 국토가 다 원만함을 보았나니
이와 같이 보신 바 땅이 끝이 없음을
이 도량 가운데 다 나타내시었습니다.

세존이 광대한 신통력으로
광명을 펴 널리 마니 보배를 비 내리시고
이와 같은 보배 창고를 도량에 흩으시니
그 땅 주위가 다 장엄으로 화려합니다.

여래가 복덕과 신통력으로
마니의 묘한 보배로써 널리
그 땅과 그리고 보리수를 장엄하여

빛과 음성을 번갈아 일으켜 연설하십니다.

보배 등불을 한량없이 허공으로 좇아 비 내리고
보배 왕으로 사이에 섞어 장엄하고 꾸며서
미묘한 음성을 다 토해 내어 법음을 연설하나니
이와 같음은 지신들이 나타낸 바입니다.

보배 땅에 널리 묘한 광명의 구름을 나타내고
보배 횃불에 불꽃 광명이 번갯불이 일어나는 것과
같으며
보배 그물을 멀리까지 펴서 그 위를 덮었으며
보배 가지를 섞어 분포하여 장엄이 좋았습니다.

그대 등은 널리 이 땅의
가지가지 묘한 보배로 장엄한 바를 관찰하세요.
중생의 모든 업의 바다를 현시하여

저들로 하여금 진실한 법성을 요달하여 알게 합니다.

널리 시방에 두루하신 일체 부처님이
소유한 원만한 보리수가
다 도량 가운데 나타나지 아니함이 없어서
여래의 청정한 법을 연설합니다.

모든 중생의 마음에 좋아하는 바를 따라서
그 땅이 널리 묘한 음성을 내어
부처님이 자리 위에서 응당 연설하시는 바와 같이
낱낱 법문을 다 갖추어 연설합니다.

그 땅이 항상 묘한 향기 광명을 내고
광명 가운데 널리 청정한 법음을 연설하나니
만약 어떤 중생이라도 그 법음을 감당하여 받는다면
다 하여금 얻어 듣고 번뇌를 소멸하게 될 것입니다.

낱낱 장엄이 다 원만함을
가령 억겁 세월에도 능히 설할 수 없나니
여래가 신통력으로 두루하지 아니함이 없으시기에
이런 까닭으로 그 땅이 다 장엄하여 청정합니다.

그때에 대지일용맹혜 보살마하살이 부처님의 위
신력을 받아 널리 일체 도량에 대중의 바다를 관찰하
고 곧 게송을 설하여 말하기를,

세존이 응수하며 법당에 거처하여
밝게 궁전 가운데를 비추시고
모든 중생의 마음에 좋아하는 바를 따라서
그 몸에 널리 시방의 국토를 나타내십니다.

여래의 궁전은 사의할 수 없고
마니 보배 창고로 장엄되고 꾸며졌으며

모든 장엄기구가 다 광명을 비추거늘
부처님이 그 가운데 앉아 특히 밝게 나타나셨습니다.

마니로 된 기둥은 색깔이 가지가지이고
진금으로 된 요령과 목탁은 구름같이 펼쳐졌으며
보배로 된 층대는 사방으로 나열되어 행대를 이루
었고
대문과 창문은 방소를 따라 다 뚫리고 열려 있었습
니다.

묘한 꽃에 비단으로 장엄한 휘장과
보배 나뭇가지가 함께 장엄되어 꾸며져 있고
마니 보배 영락은 사방에 내려져 있거늘
지혜의 바다가 그 가운데 고요히 앉아 계십니다.

마니로 된 그물과 묘한 향기 나는 당기와

광명의 불꽃과 등불의 광명은 구름같이 펼쳐졌고,
가지가지 장엄기구로 덮었거늘
세간을 초월한 정변지가 여기에 앉아 계십니다.

시방에 널리 변화의 구름을 나타내시니
그 구름이 연설하기를 세간에 두루하여
일체중생을 다 조복시킨다 하나니
이와 같은 것은 다 부처님의 궁전으로 좇아 나타난
것입니다.

마니로 된 나무에 묘한 꽃이 피니
시방에 있는 바가 능히 짝할 수 없으며
삼세에 국토를 장엄한 일이
그 가운데 그 그림자를 나타내지 아니함이 없습니다.

곳곳에 다 마니 뭉치가 있나니

광명의 불꽃이 치성하여 한량없는 종류이며
큰 문과 창문이 방소를 따라 서로 사이에 열려 있고
동우棟宇는 장엄되어 지극히 수려합니다.

여래의 궁전은 사의할 수 없고
청정한 광명은 수많은 모습을 갖추었나니
일체 궁전이 그 가운데 나타났으되
낱낱이 다 여래가 있어 그곳에 자리하셨습니다.

여래의 궁전은 끝이 없으므로
자연히 깨달은 이가 그 가운데 거처하시나니
시방에 일체 모든 대중들이
부처님을 향하여 와서 모이지 아니함이 없습니다.

　그때에 부사의공덕보지인 보살마하살이 부처님
의 위신력을 받아 널리 일체 도량에 대중의 바다를

관찰하고 곧 게송을 설하여 말하기를,

부처님이 옛날에 수많은 복덕의 바다를 닦아 다스린
것이
일체 국토에 작은 티끌 수만치 많나니
신통과 원력으로 출생한 바이기에
도량이 장엄하고 청정하여 모든 때가 없습니다.

여의주왕으로 나무의 뿌리가 되고
금강마니로 나무의 몸이 되었거늘
보배 그물로 멀리 베풀어 그 위를 덮었나니
묘한 향기의 기운이 함께 돌아 에워쌌습니다.

나뭇가지는 장엄하고 꾸몄으되 수많은 보배를 갖추
었고
마니로 된 줄기는 다투어 솟아나왔으며

나뭇가지가 빽빽하게 펼쳐진 것은 마치 중첩된 구름
과 같나니
부처님이 그 아래 도량에 앉아 계십니다.

도량이 광대하여 사의할 수 없거늘
그 나무가 두루 돌아 다 가득히 덮었으며
빽빽한 잎과 번성한 꽃이 서로 덮어 비추고
꽃 가운데 다 마니의 열매를 맺었습니다.

일체 나뭇가지 사이로 묘한 광명을 일으킴에
그 광명이 도량 가운데 두루 비치어
청정하고 치성한 것이 끝이 없나니
부처님의 원력으로써 이와 같이 나타났습니다.

마니 보배 창고로 꽃을 삼아
그림자를 펼쳐 빛을 오르게 하는 것이 마치 비단

구름과 같으며
나무를 감아 돌아 내려진 향기 좋은 꽃은 두루하지
않음이 없어서
저 도량 가운데 널리 장엄하여 꾸몄습니다.

그대들은 선서의 도량 가운데를 관찰하세요.
연꽃과 보배 그물이 함께 청정하며
광명의 불꽃이 바퀴를 이루어 이로 좇아 나타나며
요령 소리와 목탁 소리가 구름 사이에서 흘러나옵
니다.

시방의 일체 국토 가운데
있는 바 묘한 색상으로 장엄한 나무가
보리수 가운데 나타나지 아니함이 없거늘
부처님이 그 아래서 수많은 때를 떠나셨습니다.

도량이 광대하되 복덕으로 이루어진 바며
나뭇가지가 보배를 비 내리되 항상하여 끝이 없나니
보배 가운데 모든 보살이 출현하여
다 시방으로 가 부처님께 공양하고 섬기었습니다.

모든 부처님의 경계는 사의할 수 없어서
널리 그 나무로 하여금 좋은 소리를 내게 하나니
옛날에 모은 바와 같은 보리의 도를
모인 대중들이 소리를 듣고 다 봄을 얻었습니다.

그때에 백목연화계 보살마하살이 부처님의 위신
력을 받아 널리 일체 도량에 대중의 바다를 관찰하고
곧 게송을 설하여 말하기를,

일체 마니가 묘한 음성을 출생하여
삼세에 모든 부처님의 명호를 칭양하나니

저 부처님의 한량없는 신통의 일을
이 도량 가운데서 다 현재에 봅니다.

수많은 꽃들은 앞다투어 피어남이 마치 영락이 펼쳐
진 것과 같고
광명의 구름은 끝없이 흘러내려 시방에 두루하나니
보리수 신이 받아 가져 부처님을 향하여
일심으로 우러러보며 공양하였습니다.

마니의 광명 불꽃이 다 당기를 이루고
당기 가운데 치성하게 묘한 향기가 나오며
그 향기를 일체 대중이 널리 맡기에
이런 까닭으로 그 처소가 다 장엄하고 청결합니다.

연꽃이 금색 광명을 내려 펼치니
그 광명이 부처님의 묘한 음성의 구름을 연설하여

널리 시방의 모든 국토를 덮어
영원히 중생의 번뇌 열기를 쉬게 합니다.

보리수왕의 자재한 힘으로
항상 광명을 놓되 그 광명이 지극히 청정하나니
시방에 모인 대중의 그 끝없는 이들이
그림자 같이 도량 가운데 나타나지 아니함이 없습
니다.

보배 나뭇가지에 광명의 불꽃이 밝은 등불과 같나니
그 광명이 음성을 내어 큰 서원을 선설하되
마치 부처님이 지나간 옛날에 제유諸有에서
본래 수행하신 바와 같이 다 갖추어 선설합니다.

나무 아래 모든 신들의 국토 티끌 수만치 많은 이들이
다 함께 이 도량에 의지하여

각각 여래의 도수道樹 앞에서
생각 생각에 해탈문을 선양합니다.

세존이 지나간 옛날에 모든 행을 닦았으며
일체 모든 여래에게 공양하였나니
본래 수행하신 바와 그리고 명성이
마니 보배 가운데 다 나타납니다.

도량의 일체에서 묘한 음성을 출생함에
그 음성이 광대하여 시방에 두루하나니
만약 어떤 중생이라도 그 법음을 감당하여 받는다면
조복하여 하여금 청정케 아니함이 없을 것입니다.

여래가 지나간 옛날에 널리
일체 한량없는 장엄의 일을 닦아 다스렸기에
시방의 일체 보리수에

낱낱 장엄이 한량없는 종류입니다.

　그때에 금염원만광 보살마하살이 부처님의 위신
력을 받아 널리 일체 도량에 대중의 바다를 관찰하고
곧 게송을 설하여 말하기를,

부처님이 옛날에 보리의 행을 닦아 익혀
모든 경계에 바로 알고 분명하게 요달하였기에
시처是處와 더불어 비처非處에 청정하여 의심이 없으
시나니
이것은 이 여래의 처음 지력智力입니다.

옛날에 평등하게 모든 법성을 관찰하시고
일체 업의 바다를 다 분명하게 사무친 것과 같아서
이와 같이 지금도 광명의 그물 가운데서
널리 시방에 두루하여 능히 갖추어 연설하십니다.

지나간 세월에 큰 방편을 닦아 다스려
중생의 근성을 따라 꾀어서 교화하시고
널리 모인 대중으로 하여금 마음을 청정케 하기에
그런 까닭으로 부처님이 능히 근지력을 성취하셨습
니다.

모든 중생의 아는 것이 같지 아니함과 같아서
욕락과 모든 행도 각각 차별하거늘
그들의 응하는 바를 따라서 법을 설하시니
부처님이 지력으로써 능히 이와 같이 설하십니다.

널리 모든 시방의 모든 국토 바다에
있는 바 일체중생의 세계를
부처님의 지혜는 평등하기 허공과 같아서
다 능히 털구멍 가운데 나타내십니다.

일체 처소에 행하는 바를 부처님이 다 아시고
한 생각에 삼세도 다 남김없이 아시며
시방의 국토와 세월과 중생의 시간을
다 능히 개시하여 하여금 현재 알게 하십니다.

선정의 해탈 힘이 끝이 없으며
삼매의 방편도 또한 다시 그러하거늘
부처님이 시현하여 하여금 환희케 하시고
널리 하여금 번뇌의 어둠을 씻어 제거케 하십니다.

부처님의 지혜는 걸림이 없어서 삼세를 포함하고
찰나에 다 털구멍 가운데
불법과 국토와 그리고 중생을 나타내시니
나타낸 바는 다 수념지력을 인유한 것입니다.

부처님의 눈은 광대하기 허공과 같아서

널리 법계를 보되 다 남김없이 봅니다.
걸림이 없는 지위 가운데 비등할 수 없는 작용이시니
저 눈이 한량이 없지만 부처님이 능히 연설하십니다.

일체중생이 구족한 제결諸結과
소유한 수면과 더불어 습기를
여래가 출현하여 세간에 두루하사
다 방편으로써 하여금 제멸케 하십니다.

　　그때에 법계보음 보살마하살이 부처님의 위력을
받아 널리 일체 도량에 모인 대중의 바다를 관찰하고
곧 게송을 설하여 말하기를,

부처님의 위신력은 시방에 두루하시고
광대하게 시현하지만 분별이 없으시며
큰 보리행인 바라밀의

옛날에 만족한 바를 다 하여금 보게 하십니다.

옛날에 중생에게 대비심을 일으켜
보시바라밀을 수행하셨기에
이런 까닭으로 그 몸이 가장 수승하고 미묘하여
능히 보는 사람으로 하여금 환희를 내게 하십니다.

옛날에 끝없는 큰 세월의 바다에 있으면서
청정한 지계바라밀을 닦아 다스렸기에
그런 까닭으로 청정한 몸을 얻어 시방에 두루하게
하여
널리 세간에 모든 무거운 고통을 멸제하십니다.

지나간 옛날에 인욕의 청정한 바라밀을 수행하여
믿고 아는 마음이 진실하여 분별이 없기에
이런 까닭으로 색상이 다 원만하여

널리 광명을 놓아 시방을 밝게 비추십니다.

지나간 옛날에 정진을 수많은 세월의 바다에서 닦아

능히 중생의 깊고도 무거운 장애를 옮기려 하였기에

그런 까닭으로 능히 몸을 나누어 시방에 두루하게

하되

다 보리수나무왕 아래에서 나타내셨습니다.

부처님이 오래도록 한량없는 세월에 수행하여

선정의 큰 바다를 널리 청정케 하였기에

그런 까닭으로 보는 사람으로 하여금 마음을 환희케

하여

번뇌의 장애와 때를 다 제멸케 하십니다.

여래가 지나간 옛날에 모든 행의 바다를 닦아서

반야바라밀을 구족하였기에

이런 까닭으로 광명을 펴 널리 비추어 밝혀서
능히 일체 어리석음의 어둠을 진멸珍滅하십니다.

가지가지 방편으로 중생을 교화하여
하여금 닦아 다스릴 바를 다 성취하셨기에
일체 시방에 다 두루 왕래하시되
끝없는 세월토록 쉬지 않으십니다.

부처님이 옛날에 큰 세월의 바다에서 수행하여
모든 서원의 바라밀을 청정하게 닦아 다스렸기에
이런 까닭으로 출현하여 세간에 두루하사
미래 세월이 다하도록 중생을 구제하십니다.

부처님이 한량없는 세월에 널리
일체법의 역力바라밀을 닦아 다스렸기에
이로 인유하여 능히 자연스레 힘을 성취하여

널리 시방의 모든 국토에 나타나십니다.

부처님이 옛날에 보문의 지혜를 닦아 다스리되
일체 지혜의 성품을 허공과 같이 하셨기에
이런 까닭으로 걸림이 없는 힘을 성취함을 얻어서
광명을 펴 널리 시방의 국토를 비추십니다.

   그때에 운음정월 보살마하살이 부처님의 위신력
을 받아 널리 일체 도량에 대중의 바다를 관찰하고
곧 게송을 설하여 말하기를,

신통의 경계가 허공과 같음을
시방에 중생이 보지 아니함이 없으며
옛날에 수행함과 같이 성취한 바 지위를
마니 과보 가운데 다 갖추어 연설하십니다.

청정하게 한량없는 세월에 부지런히 수행하여

초지의 지극히 환희함에 들어갔으며

법계의 광대한 지혜를 출생하여

널리 시방의 한량없는 부처님을 보았습니다.

일체법 가운데 때를 떠난 지위에서

중생의 수와 같이 청정한 계를 가지며

이미 수많은 세월에 널리 수행하였으며

끝없는 모든 부처님의 바다에 공양하였습니다.

복덕을 쌓아 모아 빛을 발한 지위에서

사마타의 창고와 견고한 인욕과

진리의 구름이 광대한 것을 다 이미 듣고

마니의 과보 가운데서 이와 같이 연설하십니다.

불꽃 바다에 지혜의 광명이 같을 수 없는 지위에서

경계를 잘 알고 자비를 일으키며
일체 국토와 평등한 몸을
부처님이 다스린 바와 같이 다 연창하십니다.

넓은 창고와 평등한 문의 이기기 어려운 지위에서
움직임과 고요함이 서로 수순하여 위반함이 없으며
불법의 경계가 다 평등함을
부처님이 청정히 하신 바와 같이 다 능히 연설하십
니다.

광대하게 수행한 지혜 바다의 지위에서
일체 법문을 다 두루 알며
널리 국토를 앞에 나타내되 허공과 같이 하여
보리수 가운데서 이 법음을 연창하십니다.

법계에 두루한 허공신과

널리 중생을 비추는 지혜등과

일체 방편이 다 청정함과

옛날에 멀리 행한 바를 지금에 갖추어 연설하십니다.

일체 서원행으로 장엄한 바이며

한량없는 국토의 바다가 다 청정하며

있는 바 분별로 능히 움직일 수 없음을

이 비등할 수 없는 지위에서 다 선설하십니다.

한량없는 경계에 신통의 힘과

교법에 잘 들어간 광명의 힘은

이것은 청정한 선혜의 지위이니

수많은 세월의 바다에 행한 바를 다 갖추어 밝히십니다.

진리의 구름이 광대한 제 십지에서

일체를 포함하고 감추어 허공에 두루하게 하며
모든 부처님의 경계를 음성 가운데 연설하시니
이 음성은 부처님의 위신력입니다.

　그때에 선용맹광당 보살마하살이 부처님의 위신
력을 받아 시방을 관찰하고 게송을 설하여 말하기를,

한량없는 중생들이 회중에 거처하되
가지가지 믿고 이해하는 마음이 청정하기에
다 능히 여래지에 깨달아 들어가게 하시며
일체 장엄한 경계를 요달하게 하십니다.

각각 청정한 서원을 일으키고 모든 행을 닦아서
옛날에 일찍이 한량없는 부처님께 공양하였기에
능히 여래의 진실한 자체와
그리고 일체 모든 신통변화를 봅니다.

혹 어떤 사람은 능히 부처님의 법신이

비등할 수도 없고 걸림도 없고 널리 두루하며

소유한 한량없는 모든 법성이

다 그 몸 안에 들어가되 다함이 없음을 봅니다.

혹 어떤 사람은 부처님의 묘한 색신이

색상이 끝이 없고 광명이 치연하며

모든 중생이 아는 것이 같지 아니함을 따라서

가지가지 신통변화를 시방 가운데 나타내심을 봅

니다.

혹 어떤 사람은 걸림 없는 지혜의 몸이

삼세에 평등하여 허공과 같으며

널리 중생의 마음에 즐거워함을 따라 전하여

가지가지로 차별함을 다 하여금 보게 하심을 봅니다.

혹 어떤 사람은 능히 부처님의 음성이

널리 시방의 모든 국토에 두루하며

모든 중생이 응당 아는 바를 따라서

말과 음성을 내시지만 걸림이 없음을 압니다.

혹 어떤 사람은 여래의 가지가지 광명이

가지가지로 비추어 세간에 두루함을 보며

혹 어떤 사람은 부처님의 광명 가운데서

다시 모든 부처님이 신통을 나타내심을 봅니다.

혹 어떤 사람은 부처님의 바다에 구름 광명이

털구멍으로 좇아 치연한 색을 내며

지나간 옛날에 수행한 도를 시현하여

중생으로 하여금 깊이 믿어 부처님의 지혜에 들어가

게 함을 봅니다.

혹 어떤 사람은 부처님이 상호와 복덕으로 장엄함을
보며
그리고 이 복덕을 좇아 출생하는 바를 보며
지나간 옛날에 모든 바라밀 바다를 수행한 것을
다 부처님의 상호 가운데서 명료하게 봅니다.

여래의 공덕이 가히 헤아릴 수 없는 것과
법계에 충만하여 끝이 없는 것과
그리고 신통의 모든 경계를
부처님의 힘을 사용한 까닭으로 능히 선설하였습
니다.

그때에 화장장엄세계의 바다가 부처님의 신통력
으로써 그 땅의 일체가 여섯 가지에 열여덟 모습으로
진동하였으니, 말하자면 움직이는 것과 두루 움직이
는 것과 널리 두루 움직이는 것이며, 일어나는 것과

두루 일어나는 것과 널리 두루 일어나는 것이며, 솟는 것과 두루 솟는 것과 널리 두루 솟는 것이며, 진동하는 것과 두루 진동하는 것과 널리 두루 진동하는 것이며, 으르렁거리는 것과 두루 으르렁거리는 것과 널리 두루 으르렁거리는 것이며, 치는 것과 두루 치는 것과 널리 두루 치는 것이었습니다.

이에 모든 세주들이 낱낱이 다 사의할 수 없는 모든 공양의 구름을 나타내어 여래 도량의 대중 바다에 비 내리듯 하니 말하자면 일체 향과 꽃으로 장엄한 구름과 일체 마니로 묘하게 꾸민 구름과 일체 보배 불꽃에 꽃 그물의 구름과 끝없는 종류의 마니 보배에 원만한 광명의 구름과 일체 수많은 색깔에 보배 진주 창고의 구름과 일체 보배 전단향의 구름과 일체 보배 일산의 구름과 청정하고 묘한 소리가 나는 마니왕의 구름과 일광 마니에 영락 바퀴의 구름과 일체 보배에 광명창고의 구름과 일체가 각각 차별한 장엄기구의 구름이니, 이와 같은 등 모든 공양의 구름이 그 수가 한량이 없어서 가히 사의할 수가 없었습니다.

이에 모든 세주들이 낱낱이 다 이와 같은 공양의 구름을 나타내어 여래 도량의 대중 바다에 비 내리듯 하여 두루하지 아니함이 없었습니다.

이 세계 가운데 낱낱 세주들이 마음에 환희를 내어 이와 같이 공양하는 것과 같아서 그 화장장엄세계 바다 가운데 일체 세계에 있는 바 세주들도 다 또한 이와 같이 공양하였으며, 그 일체 세계 가운데 다 여래가 도량에 앉아 계셨으며, 낱낱 세주들이 각각 믿고 이해하였으며, 각각 반연하는 바가 있었으며, 각각 삼매와 방편문에 들어갔으며, 각각 도를 돕는 법을 닦아 익혔으며, 각각 성취하였으며, 각각 환희하였으며, 각각 취입하였으며, 각각 모든 법문을 깨달아 알았으며, 각각 여래의 신통 경계에 들어갔으며, 각각 여래력의 경계에 들어갔으며, 각각 여래의 해탈 경계에 들어갔습니다.

이 화장세계의 바다와 같아서 시방의 모든 법계와 허공계와 일체 세계의 바다 가운데도 다 또한 이와 같았습니다.

관허 수진貫虛 守眞

1971년 문성 스님을 은사로 출가, 1974년 수계, 해인사 강원과 금산사 화엄학림을 졸업하고, 운성, 운기 등 당대 강백 열 분에게 10년간 참문수학하였다.

1984년부터 수선안거 10년을 성만하고, 1993년부터 7년간 해인사 강원 강주로 학인들을 지도하였다.

대한불교조계종 교육위원, 역경위원, 교재편찬위원, 중앙종회의원, 범어사 율학승가대학원장 및 율주를 역임하였다.

현재 부산 승학산 해인정사에 주석하면서, 대한불교조계종 고시위원장, 단일계단 계단위원·존증아사리, 동명대학교 석좌교수, 동명대학교 세계선센터 선원장 등의 소임을 맡고 있다.

화엄경 독경본 1

초판 1쇄 인쇄 2022년 4월 5일 | **초판 1쇄 발행** 2022년 4월 12일
옮긴이 관허 수진 | **펴낸이** 김시열
펴낸곳 도서출판 운주사

(02832) 서울시 성북구 동소문로 67-1 성심빌딩 3층

전화 (02) 926-8361 | 팩스 0505-115-8361

ISBN 978-89-5746-675-9 04220   값 14,000원

ISBN 978-89-5746-674-2 (세트)

http://cafe.daum.net/unjubooks 〈다음카페: 도서출판 운주사〉